Texte • Medien

ELISABETH ZÖLLER

Wir hatten trotzdem Glück

Die Geschichte einer Flucht

Schroedel
westermann

Texte • Medien

„Wir hatten trotzdem Glück – Die Geschichte einer Flucht"
von Elisabeth Zöller

Herausgegeben von Ingrid Hintz

Materialteil erarbeitet von Dieter Hintz

Das Texte • Medien -Programm zu „Wir hatten trotzdem Glück – Die Geschichte einer Flucht":
978-3-507-47075-0 Textausgabe mit Materialien
978-3-507-47375-1 Lesetagebuch
978-3-507-47275-4 Informationen für Lehrerinnen und Lehrer
Informationen und Materialien im Internet: **www.schroedel.de/textemedien**

westermann GRUPPE

Druck A 2 / Jahr 2018
Alle Drucke der Serie A sind im Unterricht parallel verwendbar.

Redaktion: Barbara Holzwarth, München
Herstellung: Andreas Losse
Umschlaggestaltung und Layout: JanssenKahlert Design, Hannover
Umschlag: © akg-images
Satz: Bock Mediengestaltung, Hannover
Druck und Bindung: westermann druck GmbH, Braunschweig

ISBN 978-3-507-**47075**-0

INHALT

Elisabeth Zöller

Wir hatten trotzdem Glück

Die Geschichte einer Flucht

Materialien

Zu diesem Buch

Dieses Buch erzählt die Geschichte des dreizehnjährigen Paul, der im Januar des Jahres 1945 mit seiner Familie aus der Stadt Breslau fliehen muss. Zu diesem Zeitpunkt, am Ende des Zweiten Weltkriegs, stehen russische Truppen kurz vor der Eroberung der Stadt. Die Flucht in Richtung Westen bedeutet wochenlange Fußmärsche, unvorstellbare Kälte, Hunger, wunde Füße, Bombenangriffe und viele Tote. Wie lange werden Paul und seine Familie unterwegs sein? Wo werden sie ankommen? Wie werden sie als Flüchtlinge aufgenommen? Und wird der Neubeginn gelingen?

Es gibt viele Jugendliche, die gern Bücher lesen. Das ist erfreulich, denn wer liest, nimmt teil an den Lebensgeschichten, Erlebnissen, Problemen, Gedanken und Gefühlen der Buchfiguren. Deshalb sagt man: Wer liest, lebt doppelt.

Die Bücher der Reihe **Texte.Medien** wollen zum Lesen motivieren – im Unterricht in der Schule, aber auch zu Hause in der Freizeit. Sie wollen die Freude am Lesen steigern und „Lust auf mehr Bücher" machen.

Zu jedem Buch gibt es ein **Lesetagebuch**, das dabei helfen soll, sich selbstständig – individuell und gemeinsam mit anderen, die ebenfalls dieses Buch lesen – mit dem Inhalt und den Personen auseinanderzusetzen.

Viel Freude beim Lesen des Buches!

Das Vergangene ist nicht tot,
es ist nicht einmal vergangen.
Wir trennen es von uns ab und
stellen uns fremd.
...

Christa Wolf

Für Peter

Jahr für Jahr müssen Tausende von Menschen fliehen. Sie fliehen vor politischer Gewalt, Hungersnot oder Krieg. Die Gründe sind vielfältig.

Die Menschen verlieren ihr Zuhause, ihre Heimat, ihre Habe. Oft sogar ihre Sprache. Vor allem aber verlieren sie die Achtung ihrer Mitmenschen. Sie brauchen daher ungeheure Kraft, um sich ein neues Leben aufbauen zu können.

Dieser Roman erzählt von den Erlebnissen eines Dreizehnjährigen, der im Januar 1945 mit Mutter und Schwester Breslau verlässt und einer der unzähligen Flüchtlinge wird, die es bis in den Westen schaffen. Trotz Hunger, Kälte, Angst und Verfolgung.

Unter all den Flüchtlingen gibt es immer wieder auch Kinder und Jugendliche, die sich nicht unterkriegen lassen. Ihre innere Lebenskraft ist stärker als die Widerstände, die sich ihnen entgegenstellen. So können sie weiterleben, sich eine neue Zukunft aufbauen. Und so einer ist Paul.

Erster Teil

Überleben ist alles

Elisabeth Zöller

Wir hatten trotzdem Glück

Die Geschichte einer Flucht

1

„Jetzt müsst ihr wirklich gehen!"

Noch viele Jahre später werden diese Worte des Vaters in Paul nachklingen und in seinen Schlaf dringen, sodass er schweißgebadet aufwacht.

Es fällt Schnee an jenem Abend, ein feiner, leiser Schnee, der alles bedeckt.

Die Straße liegt still da im trüben Licht der frühen Dämmerung. Schnee, Stille und leises Rieseln.

Bis ein Schrei die Stille zerreißt. Gegröle, höhnisches Gelächter, Begeisterungsrufe werden laut. Burschen, die durch die Straße laufen, Braunhemden, Männer mit Hakenkreuzbinden, ein Uniformierter. Sie schleifen einen Mann über das Pflaster. Eine kalte, klebrige Angst kriecht Paul am Rücken hoch. Papa …?

Braunhemd *hier: Mitglied der SA (Abkürzung für: Sturmabteilung; bewaffnete Kampftruppe der Nationalsozialisten)*

Nein, Papas Stimme ist unten im Haus zu hören. Gott sei Dank! Trotzdem macht sie sich breit, die Angst. Das Gefühl einer dumpfen Bedrohung, die sich immer mehr in ihr Leben drängt und alles andere zerdrückt.

Die Braunhemden zerren den Mann zu einer Laterne. Sie knüpfen ihn auf. Paul wendet sich entsetzt ab, öffnet trotzdem und wie von selbst das Fenster. Als könne er auf diese Weise eingreifen. Wortfetzen bohren sich in Pauls Ohr. Das Wort „Vaterlandsverräter" hört er heraus. Grobe Verachtung schwingt in der Stimme. Dumpfes Brüllen: „Wir zeigen's dir." Stumme, verzweifelte Gegenwehr auf der anderen Seite. Der Mann versucht, sich loszureißen, ein kurzer Kampf, bis der Mann aufgibt, sein aussichtsloser Widerstand plötzlich zusammenbricht. Stattdessen die Schlinge. Da erkennt Paul Herrn Herrmann, seinen alten Deutschlehrer, der in der Nachbarschaft wohnt. Paul zittert. Soll er hinlaufen? Nein. Dann packen sie ihn genauso. Dann hätten sie zwei Vaterlandsverräter. So einfach ist das!

Paul legt die Hände vors Gesicht. Herr Herrmann! Aber Mitgefühl zählt nicht. Die Braunhemden grölen, spornen sich gegenseitig an zu ihrer grausigen Tat. Jetzt schaut Paul wieder hin. Der Mann baumelt. Paul ist übel. Ohnmächtige Wut und eine große Verzweiflung lassen ihn ganz schwer und steif werden. Was kann er schon machen, er, Paul Kollatsch, Schüler, wohnhaft in der Bertholdstraße in Breslau? Wie einsam kann der Tod sein inmitten einer solch grölenden Horde!

Paul schluchzt plötzlich wie ein kleiner Junge.

Die draußen ziehen weiter, als wäre das alles nichts. Der Fall ist erledigt. Gehen los, den Nächsten zu suchen. Paul ballt die Fäuste in den Taschen. Mörder! Herren über Leben und Tod nennen sie sich. Paul weint stumm.

Dunkelheit breitet sich aus. Der Schnee fällt weiter und verschluckt jeden Laut.

Und als habe das Dunkel plötzlich eine Stimme bekommen, hört Paul von unten den Vater: „Jetzt müsst ihr wirklich gehen. Die haben Herrn Herrmann aufgeknüpft." Mama schluchzt. Paul geht die Treppe hinunter.

Papa hat seine Hände vors Gesicht gelegt, als könne er sich so vor dem Unausweichlichen schützen.

Dann wiederholt er leise, aber klar: „Jetzt müsst ihr wirklich gehen, wenn hier die Nazis wüten und danach die Russen. Jeder weiß, dass der Krieg verloren ist. Ihr müsst weg, solange noch Züge fahren! Die Nazis fangen jetzt an, die für schuldig zu erklären, die ihre Situation durchschauen. Herrmann wird nicht der Einzige bleiben.“

Paul nickt. Seine Gedanken sind bei Herrn Herrmann. Der hat bestimmt nichts Schlimmes getan. Das Schild *Vaterlandsverräter* baumelt um seinen Hals. Vaterlandsverräter ist man, wenn man sagt, der Krieg ist verloren. Die Wahrheit darf keiner mehr aussprechen. Doch genau das hat Herr Herrmann schon oft getan.

Paul öffnet den Deckel des Klaviers. Er schlägt einen tiefen Ton an. Trauer. „Wir müssen gehen.“ Seit einigen Tagen schon sprechen die Eltern von Flucht. Leise, hinter verschlossenen Türen. Denn Fliehen gilt als Wehrkraftzersetzung und ist strikt verboten. Alles Sinnvolle ist schon lange verboten.

Paul schlägt zwei schwere Akkorde an, lässt sie nachklingen. Sie hängen im Raum. Er hat Angst, auch vor der Flucht. Alle haben Angst. Paul knallt den Deckel des Klaviers wieder zu.

„Wenn die Russen die Verbrechen von uns Deutschen nur halbwegs rächen, dann gnade uns Gott!“, sagt Papa.

„Ja, wir müssen weg.“ Die Mutter sagt es fest entschlossen. Sie springt auf, als ginge es sofort los.

Und doch: Es fällt ihr schwer, sich von allem, was sie sich hier aufgebaut haben, zu trennen. Das weiß Paul. Werden sie ihr Haus je wieder betreten?

Ihr Haus, in dem die Mutter sie schon morgens früh mit hellen Tönen weckt, die sie dem Klavier entlockt. Ihr Haus, in dem Paul auf den Tasten kleine Melodien spielt und schließlich, unter der Anleitung der Mutter, auch schon schwierigere Stücke einstudiert. Ihre Insel, ihr Schneckenhaus, wo der Krieg draußen bleibt und Musik und Gesang sie durch den Tag begleiten, vom Zähneputzen am Morgen über das Abspülen am Mittag in der Küche und bis zur abendlichen Verdunkelung. Bis dann unter Reden und Erzählen der Tag ausklingt und die Mutter mit einem sanften Lied die Nacht hereinholt.

Paul summt. Und sein Chor? Wird er je wieder singen können? Seit einem halben Jahr schon wird seine Stimme ausgebildet.

Da fällt Paul ein, dass Susa noch nicht zu Hause ist. Susa, seine große Schwester, die Paul in letzter Zeit ziemlich nervt. Wie wird sie das Ganze aufnehmen? Seit sie beim BDM ist, ist mit ihr nicht mehr zu reden.

BDM *Bund deutscher Mädel; Jugendorganisation der Nationalsozialisten*

„Und was ist mit Susa?“, fragt Paul zögernd.

„Da gibt es keine Debatten. Ihr müsst fort, ob Susa will oder nicht, je früher, desto besser“, sagt der Vater bestimmt. „Auch wenn das dem da oben nicht passt.“ Mit „dem da oben“ meint er Hitler oder aber Karl Hanke, den Gauleiter von Breslau.

Gauleiter *regionaler Amtsträger der NSDAP (Nationalsozialistische Deutsche Arbeiterpartei)*

„Schurken“, murmelt er, „lassen uns hier schmoren, bis die Russen vor der Tür stehen.“ Der Vater stopft seine Pfeife. „Der Generalstab sorgt dafür, dass erst die Oberen rauskommen. Dann kommt lange gar nichts. Ein Sicherheitsraum, in dem unsere ganze tapfere Führung und der Generalstab sich in aller Gemütlichkeit absetzen können. Und irgendwann dürfen wir kleinen Leute auch versuchen, unsere Haut zu retten. Obwohl wir doch Menschen der edlen germanischen Rasse sind, von denen es gar nicht genug geben konnte.“ Der Vater bläst den Rauch in die Luft. „Je verzweifelter die Lage, desto wilder und entschlossener gebärden sie sich.“ Er wirft seinen dunklen Haarschopf zurück. Dunkel, schwarz und lockig. Die blauen Augen blitzen vor Wut.

Wo Susa so lange bleibt?

Papa dreht voll Nervosität den Volksempfänger an. Da tönt die bellende Stimme des Führers: „Wir werden uns wehren mit Mann und mit Maus ...“

Der Vater dreht sofort wieder ab. „Und bis zur letzten Patrone“, sagt er bitter, „und der größte Führer aller Zeiten lässt von fünfzehnjährigen Jungen das Vaterland verteidigen.“ Er schaut seinen Sohn an. „Gut, dass sie dich mit deinen dreizehn Jahren noch nicht einziehen können!“

Paul schaudert es, wenn er Papa so reden hört. Das nimmt ihm die Sprache. Das würgt ihn. Und wenn sie Papa ergreifen? Wie den Lehrer Herrmann da draußen? Ein Wort reicht, das weiß er.

Und dazu verbreitet Hitler seine wüste Propaganda, dass die Russen mordende Tiere seien, brutale Vergewaltiger, Untermenschen. Stimmt das?

Was stimmt eigentlich noch? Was ist das Böse? Sind es die „feindlichen, volkszersetzenden Elemente“, die ausgerottet gehören, wie die Nazis sagen? Oder ist es immer noch das, was die Eltern darunter verstehen? Die Eltern meinen damit etwas völlig anderes als die Hitleranhänger. Steckt das Böse in den dunklen, bedrohlichen Tönen, Missklängen und Dissonanzen? Wo und was ist es? Paul hat in letzter Zeit oft darüber nachgedacht. Und dabei kriecht immer diese schwarze Angst im Rücken hoch, schnürt ihm die Kehle zu.

Paul geht ans Klavier, reißt den Deckel auf und schlägt zwei wütende, schrille Akkorde an. Knallt den Deckel wieder zu.

„Ich pack schon mal“, sagt er und rafft wahllos Sachen zusammen.

„Warme Kleidung“, sagt Mama, „hol am besten alle Pullover.“

Paul kramt seine Mundharmonika hervor. Wenigstens die soll mit, wenn das Klavier schon hier bleibt. Er hat lange nicht mehr darauf geblasen. Er steckt die Mundharmonika in die Tasche. Seine Lieder, die will er mitnehmen. Auch wenn im Augenblick die Kehle zu ist, wie ausgetrocknet.

„Ihr fahrt am besten noch heute", sagt Papa.

„Heute noch?" Paul lehnt im Türrahmen. „Aber ..."

„Susa wird bald da sein", sagt die Mutter ruhig. „Ich packe auch gleich ihre Sachen."

„Es muss sein. Sonst kommt ihr nicht mehr mit heiler Haut davon. Glaub mir, Paul."

Paul nickt. Papa hat recht.

Die Mutter fragt den Vater ganz leise: „Und du?"

„Ich muss hier bleiben, ich bin dienstverpflichtet. Allein kann ich mich besser durchschlagen." Papas Sätze sind in letzter Zeit knapper geworden. Als stecke hinter jedem gesprochenen Wort ein unausgesprochenes, verborgenes.

In dem Augenblick reißt Susa die Küchentür auf. Sie trägt ihre BDM-Uniform. Und sie strahlt.

„Ich werde Fähnleinführerin! Ist das nicht toll? Und die meinen, ich könne bis zum Sommer noch höher steigen! – Gibt's nichts zu essen?"

Der Vater runzelt die Stirn. Die Mutter schweigt. Paul beißt sich auf die Lippen.

„Susa", sagt Papa leise.

Seine Schwester ist in den letzten Monaten so anders geworden. Ist es ihr Alter, wie Mama meint? Susa meckert dauernd, denkt Paul. Zumindest gegen ihn und die Meinung der Familie. Ist es die neue BDM-Gruppenführerin, die sie so sehr verehrt? Ziege, denkt Paul, Zimtziege. Kann er Susa noch trauen und offen reden? Seit Susa beim BDM ist, geht ein Riss durch die Familie. Susa glaubt auf einmal an den Führer und an die Wunderwaffe. Wie kann man nur so dumm sein! Paul ist wütend auf Susa. Susa sieht alles ganz anders: „Wir werden siegen. Der Führer rettet uns." Und das jetzt, wo ihnen die Bomben schon fast aufs Haupt fallen.

Susa setzt sich an den Tisch. Die Mutter hat vier Teller hingestellt. „Suppe“, murmelt Susa und fängt sofort an zu löffeln. Ihre dunklen, halblangen Haare wippen dabei, sie schlingt die Suppe in sich hinein, wischt sich den Mund und sagt: „Ich muss es euch gleich richtig erzählen.“

Paul würde am liebsten sagen: Halt den Mund.

„Susa“, sagt Mama leise. Aber Susa schiebt nur den nächsten Löffel in den Mund.

„Susa“, versucht es Papa.

„Was habt ihr eigentlich, ihr seid so komisch?“, fragt Susa und schlürft ihre Suppe.

Paul kennt seine Schwester nicht mehr. Die merkt aber auch gar nichts, denkt er. Die merkt noch nicht mal, dass sie sich gerade über etwas Ernstes unterhalten haben. Die hat nur noch ihren BDM im Kopf.

Da gibt sich Mama einen Ruck, holt Luft und sagt kurz und bestimmt: „Susa, wir gehen.“

Susa fällt aus allen Wolken. „Wir gehen?“, fragt sie verständnislos, als hätten sie überhaupt noch nie darüber gesprochen.

„Ja“, sagt Papa, „es wird Zeit. Sie haben Herrn Herrmann, Pauls Deutschlehrer, ermordet.“

Da schreit Susa: „Aber Fliehen ist doch Verrat, Wehrkraftzersetzung.“ Sie bricht in Tränen aus. „Ich geh nicht. Ganz bestimmt nicht. Gerade jetzt, wo's hier so spannend wird!“

„Spannend?“ Die Mutter kann ihren Zorn nicht verbergen. „Spannend? Es wird hier gefährlich, in jeder Beziehung.“

„Sie haben ihn aufgehängt“, presst Papa zwischen zusammengebissenen Zähnen hervor.

Paul möchte Susa am liebsten schütteln.

Susa wirft den Kopf zurück. Mit tonloser Stimme sagt sie: „Wir werden siegen. Der Führer rettet uns. Der will uns nur erproben, deswegen ist das alles jetzt so. Ihr werdet sehen. Der schlägt bald los."

„Begreif es, Susa, Herr Herrmann ist tot. Ermordet!" Paul schreit es.

Eine Weile ist es still. Sie warten.

Da sagt Susa in die Stille hinein: „Dann hat er es auch verdient. So etwas machen sie nur mit Vaterlandsverrätern."

Paul erstarrt. Die Eltern sehen sich an.

Schließlich sagt Mama: „Susa ..." Mama schluckt, versucht es nochmals, „die russischen Truppen sind bald in Breslau. Dann geht es uns schlecht, sehr schlecht."

Jetzt legt Papa seinen Arm um Susa. Susa schüttelt ihn ab. Sie will sich nicht mehr vereinnahmen lassen. Vor allem nicht von solchen, die so denken. „Leute wie ihr, die machen doch dem Führer den Sieg kaputt. Ihr müsst glauben." Susa will aufspringen. Da hält Paul seine Schwester mit einem festen Griff um ihr Handgelenk zurück.

„Die Russen packen sich Frauen", sagt Papa und hält Susa an der anderen Hand fest.

Susa wehrt sich, versucht sich zu befreien, aber es gelingt ihr nicht.

„Wenn die Russen kommen, fliehen alle, auch die oberste Führung", fährt Papa eindringlich fort.

Und Mama setzt hinzu: „Susa, du bist doch unser Mädchen."

Susa windet sich, will widersprechen. Doch auf einmal hält sie still. Etwas ist bei ihr angekommen.

Eben erst, auf dem Heimweg, hat auch ihre Freundin Evi von Überfällen und Vergewaltigungen gesprochen. Sie würden sich alle das Gesicht schwärzen, hat Evi gemeint. Die Russen seien Tiere. Und wenn Evi das schon sagt. Evi, die weiß Bescheid, gehört auch zur Gruppe der Fähnleinführerinnen.

„Die Evi hat das auch gesagt“, murmelt Susa und löst ihre Hände aus der Umklammerung.

„Na also. Glaub uns, Susa, es dauert nicht mehr lange. In ein oder zwei Tagen kommt der Befehl zur Flucht. Dann müssen sofort alle aufbrechen. Alle zur gleichen Zeit.“ Papa schweigt einen Moment. „Du kannst dir vorstellen, was das bedeutet. Die Menschenmassen! Wer weiß, ob ihr dann überhaupt durchkommt. Wahrscheinlich setzen die Viehwaggons ein, wo man zerquetscht und zerdrückt wird. Gnade uns Gott.“

Susa schluckt und sagt leise: „Aber das ist doch Verrat!“

„Nein, Susa, bestimmt nicht.“ Papas Stimme ist ruhig, trotz der Anspannung. „Die Nazis wollen uns doch nur Angst machen vor den Russen, damit wir gehorchen, und um ihr Gesicht zu wahren. Sie ...“ Papa bricht hilflos ab, als er Susas verschlossene Miene sieht.

Das Mädchen fährt stumm mit der Hand über die Muster des Wachstuchs auf dem Küchentisch.

Plötzlich sagt Mama: „Eigentlich fahren wir doch nur zu Oma. Der geht es nicht gut. Wirklich nicht.“

Susas Gesicht hellt sich auf. „Wir fahren nur zu Oma?“, wiederholt sie und wirkt erleichtert.

Die anderen nicken. „Wir fahren zu Oma nach Einsiedel.“

Einsiedel *kleiner Ort in der Nähe der Stadt Chemnitz; siehe Karte, S. 182–183*

Da lässt Susa ihre Zweifel fallen. Zu Oma kann sie fahren. Und zu Onkel Karl. Der hat da eine Trikotagenfabrik, stellt Unterwäsche her. Susa kichert in sich hinein. Sie mag Onkel Karl. Wenn sie zu ihm und Oma fahren, ist sie dabei.

Endlich, denkt Paul. Hoffentlich öffnet das seiner Schwester jetzt die Augen und sie hört auf, wie eine Marionette an den Schnüren zu zappeln, die andere ziehen.

Hoffentlich kommt Susa zur Vernunft. Auf der Flucht.

Paul steht auf, um rasch fertig zu packen. Er streicht mit der Hand über den Sessel und das Klavier.

Auch die anderen sind inzwischen eifrig mit Packen beschäftigt.

„Wir nehmen die Straßenbahn um zweiundzwanzig Uhr“, sagt Mama.

Paul stapft die Treppe hinauf. Er steht im dunklen Zimmer am Fenster. Die Straße liegt wieder völlig still da. Der Schnee breitet eine Decke über alles. Auch über Herrn Herrmann.

Es ist Januar 1945. Seit sechs Jahren führt Deutschland Krieg, ein Sieg wird immer ungewisser.

Draußen tobt der Schneesturm, das Land liegt unter einer weißen Decke. Die Luft klirrt vor Kälte. Ein scharfer Wind heult ums Haus.

An der Ostfront zersplittert die deutsche Abwehr. Die russischen Truppen nähern sich mit großer Geschwindigkeit den Grenzen Deutschlands und damit Breslau.

2

Pauls Vater, Helmut Kollatsch, ist in Breslau aufgewachsen, ist wie Paul aufs Mathias-Gymnasium gegangen und hat hier studiert. Seine Familie stammt aus Breslau. Er arbeitet bei den Stadtwerken und ist für die Beleuchtung der Stadt zuständig. Sein Vater ist tüchtig, das weiß Paul. Aber: Als ehemaliges SPD-Mitglied weigert er sich, in die Partei einzutreten. Das ist gefährlich in einer solchen Zeit. Dennoch lässt er sich in seiner Überzeugung nicht beirren. Deswegen ist er auch nichts Hohes geworden. Immer, wenn eine Beförderung anstand, kamen zuerst die anderen dran. Ein paar Mal haben seine Kollegen ihn aufgefordert: „Mensch, Helmut, tritt doch in die Partei ein." Doch Papa ist standhaft geblieben. Bald soll er mit einem Trupp von fünfzig Leuten auch für die Wasserversorgung verantwortlich sein. Dann werden alle beauftragten Personen wahrscheinlich in dem Bunker oder in den Kellern der Stadtwerke wohnen müssen, damit sie in Notfällen jederzeit verfügbar sind. Zumal die Reichsführung schon lange beschlossen hat, Breslau zur Festung auszubauen.

Pauls Mutter, Hanne Kollatsch, ist erst vor fünfzehn Jahren nach Breslau gekommen. Sie versorgt die Familie. Sie fällt auf mit ihren braunen Locken, den großen dunklen Augen und ihrer Art, ruhig und bestimmt zu sagen, was sie denkt. Und sie liebt die Musik. Von klein auf hört Paul sie singen. Der volle und gutmütige Bass des Vaters, die glockenhelle, leichte Stimme der Mutter. Und Paul und Susa ließen sich auf den Melodien schaukeln, brabbelten dazwischen, krähten und lachten, stellten sich auf die Zehenspitzen und wurden hineingezogen in die Fröhlichkeit oder Besinnlichkeit der Musik, wobei die Mutter sich oft selbst auf dem Klavier begleitete.

Doch mit der politischen Anspannung verfärbte sich mehr und mehr auch die Stimmung der Lieder.

Susa ist ein Jahr älter als Paul. Und seitdem sie aus der BDM-Jungmädchengruppe zur Gruppe der Älteren gewechselt hat und jetzt sogar Fähnleinführerin werden soll, ist sie vollkommen überzeugt von den nationalsozialistischen Ideen, glaubt fest an den Endsieg. Sogar jetzt, wo die Russen vor der Tür stehen. Paul begreift es nicht.

Auch die Eltern fürchten, dass Susa sich verplappern, dass sie sich dazu hinreißen lassen könnte zu erzählen, was sie denken und was in der Familie geredet wird. Das ist gefährlich, wird gefährlicher von Tag zu Tag. Als Papa ihr deswegen ins Gewissen redete, hat Susa nur mit ihren dunklen Augen gekullert und erwidert: „Ich sag doch nichts, Papa." Und dann, wie um den Überzeugungen der Familie trotzdem etwas entgegenzusetzen, *Die Fahne hoch* gepfiffen.

Die Fahne hoch *erste Zeile der offiziellen Parteihymne der Nationalsozialisten*

HJ-Jungvolk *Teil der Hitlerjugend; Jugendorganisation der Nationalsozialisten*

ostisch *Bezeichnung für ein Rassemerkmal*

Paul hingegen ist standhaft geblieben und hat sich mutig vielen Anfeindungen widersetzt, die vor allem von seinem Fähnleinführer Herbert im HJ-Jungvolk ausgingen. „Waschlappen", haben sie ihm nachgerufen, „du mit deinem ostischen Schädel." „Lateinzwerg" und „Muttersöhnchen" haben sie ihn genannt. Am schlimmsten war es, als er in der Schule auf dem Klavier einen Jazzrhythmus angedeutet hatte. „Negermusik", sagten sie und spuckten vor ihm auf den Boden. Und „Swingheini" nannten sie ihn, als er eine bekannte Schlagermelodie gepfiffen hatte. Geschliffen haben sie ihn. Auf – nieder. Und zweihundert Kniebeugen. Da hätte er einmal fast aufgegeben. Aber nur fast. Darauf ist er stolz. Zweimal haben sie ihn danach zu mehreren niedergeboxt und auf die Straße geschmissen. Und er blieb standhaft.

Dabei hat Paul auch seine Zweifel. Und es wäre doch so bequem, mitzumachen. Viele tun das, warum nicht er?

Aber immer, wenn er nachgedacht hat, ist er wieder zu *sich* gekommen. So hat Paul endgültig gelernt zu schweigen. Die Wahrheit bleibt im Kopf versteckt. Dabei wäre es gerade jetzt bitter nötig, sie auszusprechen. Aber eben auch gefährlich. Paul will nicht mehr zusammengeschlagen werden. Und schon gar nicht gehängt werden, wie Herr Herrmann. Deshalb schweigt er. Leider. Nur am Klavier lässt er seinen Gedanken und Gefühlen freien Lauf. Musik sagt mehr als Worte.

Sogar Lehrer Sonnenschein hat in Rassenkunde Pauls Schädel vermessen und ihn fertiggemacht als ostischen Typen. Und am gleichen Nachmittag, in der HJ, gingen die Sticheleien weiter. Beim fünfzigsten Liegestütz grölten sie.

Rassenkunde *Schulfach zur Zeit der Nationalsozialisten*

So machen sie es immer: Langsam die innere Kraft zermahlen, bis man sich selbst nicht mehr spürt.

Trotzdem! Paul weiß, was er denkt. Mit Zweifeln. Aber er denkt! Doch er widerspricht nicht mehr laut. Gehorcht stumm, verbissen. Nickt aber nicht. Niemals! Das ist seine neue Strategie und wohl die einzige, mit der man in einer solchen Zeit überleben kann.

Paul geht in die siebte Klasse des Mathias-Gymnasiums. Er fällt auf durch seine Körpergröße, seine Durchsetzungsfähigkeit und Ernsthaftigkeit. Aber auch durch seinen Humor und seine Schlagfertigkeit. Deswegen mögen ihn selbst solche, die ihn eigentlich aufgrund seiner Einstellung nicht mögen dürften. Paul grinst, als ihm eine witzige Situation einfällt.

Aber dann denkt er an Herrn Herrmann – und ist mit einem Schlag wieder in der grausamen, kalten Wirklichkeit. Sie brechen auf. Heute Nacht noch. Sie fahren weg. Vielleicht für immer.

Draußen gackert Trulla, sein Lieblingshuhn, laut und ungeduldig. Mensch, er hat ja ganz vergessen, den Hühnern ihr Futter zu geben. Paul springt auf, geht hinten hinaus in ihren kleinen Garten, reißt vorher noch eben die dicke Jacke vom Haken. Ist ja eine Hundskälte, auch für die Hühner. Trulla ist ganz aufgeregt, als sie ihn kommen hört: „Ist ja schon gut.“ Paul streut Futter hinten in die Hühnerecke. Da sind die Hühner über Tag unter ihrem kleinen Dach, durch Büsche geschützt. Nachts klettern sie über eine Hühnerleiter hinunter in den Keller.

Paul schaut vom Garten auf ihr Haus. Er will das Bild für immer festhalten. Schnee liegt darauf. Und eine Stille, die er lange, lange in sich tragen möchte.

3

„Ich will den Pelzmantel und den Muff. In so einer peinlichen Verkleidung gehe ich keinen Schritt.“ Susa zeigt auf ihre Mutter, die zwei Strickjacken übereinander anzieht, und stampft vorm Spiegel mit dem Fuß auf. „Und außerdem trage ich nur meine Sachen, kein Stück mehr.“ Mit einem Blick auf die bereitstehenden Gepäckstücke erklärt sie: „Ich will den heilen Koffer.“ Und plötzlich fügt sie, allerdings grinsend, hinzu: „Warum fahren wir eigentlich zur Oma? Einsiedel ist doch ein langweiliges Kaff.“

Muff *röhrenförmig zusammengenähtes Stück Pelz zum Wärmen der Hände*

„Du spinnst“, faucht Paul. Die tut so, als sei das alles nur für sie schlimm. „Klappe zu, Affe tot“, zischt er ihr noch hinterher. Susa streckt ihm die Zunge heraus.

„Susa“, sagt Mama, „wir haben doch vor einer Stunde alles besprochen.“ Wenn Susa jetzt bloß nicht wieder einen ihrer Anfälle bekommt. Paul hält sich da lieber raus.

„Die albernen Strickstrümpfe trag ich nicht“, macht Susa eigensinnig weiter.

„Susa“, sagt Mama, „es ist klirrend kalt draußen!“

„Trotzdem.“ Susa zieht die Strümpfe nicht an. Sie zeigt auf das Fotoalbum, das die Mutter zum Mitnehmen bereitgelegt hat. „Paul kann die Fotos schleppen, ich nicht.“

Paul würde seine Schwester am liebsten an den Schultern packen und schütteln. Kapiert die immer noch nicht? „Wir sind auf der Flucht, begreif’s doch endlich!“, zischt Paul ihr zu. „Das ist verdammt keine Modenschau.“

Obwohl er das, was Mama ihm hingelegt hat, auch peinlich findet. Drei Jacken, zwei Pullover. Damit schaut er aus wie ein Waschbär. Hoffentlich sieht ihn keiner aus der Klasse. Und erst die Stiefel. Drei Paar Socken und dann die großen Stiefel von Papa. Furchtbar.

„Also gut“, seufzt Mama, „nimm in Gottes Namen den Pelzmantel.“ Sie streift den Mantel vom Bügel. „Wir haben großes Glück, dass wir die Oma im Erzgebirge haben.“ Und mit einem Blick auf die Uhr: „Aber mach ein bisschen schnell, die Zeit drängt.“

Jetzt reicht’s, denkt Paul, man muss einer so blöden Ziege, der man alles fünfmal erklären muss, nicht auch noch den Pelzmantel überlassen. Er nimmt ja auch nicht Papas Pelzmütze.

„Hui“, Susa pfeift durch die Zähne, dreht sich in Mamas Kaninchenfellmantel vorm Spiegel, zieht die Augenbrauen hoch und sagt, wie um sich selbst zu überzeugen: „Ich meine, dass wir wirklich keine Angst haben sollten. Der Führer setzt bald seine Wunderwaffe ein. Ihr werdet sehen. Gertrud hat uns heute davon erzählt. Die V1 rettet uns, und der hat noch andere Waffen.“ Und nach einer Pause fügt sie hinzu: „Dann können wir auch zurückkommen. Die vertreiben die Russen, und schon können wir wieder zurück.“

V1 *Raketentyp*

„Susa“, sagt Mama nur, „überleg dir bitte trotzdem, was du mitnimmst. Pack alle deine warmen Sachen ein. Bitte! Es wird ein langer Winter. Das hab ich so im Gefühl. Und selbst wenn wir zurückkommen sollten, kann das dauern.“

„Ich komm aber zurück. Nach dem Sieg werd ich Fähnleinführerin.“ Susa streicht den Mantelkragen glatt.

„Susa, nimm den braunen Rucksack. Der andere ist zu klein. Es ist sogar besser, wenn wir komisch aussehen. Wenn der Russe uns mal packen will, dann ist Hässlichkeit Trumpf.“ Mama versucht es mit Humor, obschon ihr bestimmt nicht danach zumute ist.

An dieser Stelle hakt Susa sofort ein. Die Angst vor den Russen geht um wie ein Gespenst. „Das haben Gertrud und

Hedwig auch gesagt. Die Russen sind wie Tiere. Sie vergewaltigen alle Frauen und töten, wen sie können. Es wird ein Blutbad geben." Susas Stimme ist belegt. Doch plötzlich dreht sie sich um, wirft die Haare zurück und sagt lächelnd zu ihrem Spiegelbild: „Jetzt gehen wir, weil die Russen kommen, aber der Führer rettet uns."

Mama beißt sich auf die Lippen. Für eine Debatte ist jetzt keine Zeit. Hauptsache, Susa kommt mit. Und die Straßenbahn wartet nicht!

Was hätte sie auch sagen sollen? Die Mutter weiß, dass das Bild, das in der Bevölkerung von den Russen verbreitet wird, ein Stück Nazipropaganda ist. Es heißt, die Russen seien wie Tiere, die vor keiner Grausamkeit zurückschrecken. Und dennoch, die Angst vor Vergewaltigungen und Plünderungen, vor mutwilliger Zerstörung und roher Gewalt ist nicht unbegründet.

„Mit welchem Zug fahren wir? Bringt Papa uns zum Bahnhof?", ruft Susa jetzt von oben aus ihrem Zimmer.

„Papa bringt uns nicht. Wir besuchen ja nur die Oma", ruft Mama zurück. Das ist die Sprachregelung, auf die sie sich geeinigt haben. Auch Susa müsste das endlich kapieren.

Paul probiert oben vor dem Spiegel, ob alle seine Jacken übereinanderpassen. Seine Schwester bringt ihn noch zur Weißglut. Vor allem das dumme Führergeschwätz kann er nicht mehr hören.

Die Mutter zieht zwei Mäntel über die beiden Strickjacken. Bindet sich einen Strick um die Taille, an dem Leinenbeutelchen mit Brot hängen, für alle Fälle. Sie hat dafür fast alle Brotmarken eingelöst. Sie bindet einen Schal darüber, schlingt ein Tuch um den Kopf. Schließlich steckt sie Paul und Susa auch ein paar Brotstücke zu: „Die könnt ihr kauen, wenn's nichts anderes mehr gibt."

Paul kann sich kaum bewegen, und dann noch die Beutel. Er sieht wirklich wie ein Hamster aus. Susa hat recht.

Papa kommt von einem kurzen Kontrollgang zurück. Niemand hat es bisher gewagt, den Toten loszubinden und ihm die letzte Ehre zu erweisen. Papas Gesicht ist grau. Zwei tiefe Falten, die früher nicht da waren, ziehen sich um seinen Mund. Paul kann sich denken, was hinter der Stirn seines Vaters vorgeht.

„Seid ihr fertig? Ich bringe euch nur zur Straßenbahn. Ihr fahrt wie vereinbart für zwei Wochen zur Großmutter nach Einsiedel. Wenn ich euch zum Bahnhof bringe, könnte das Verdacht erregen. Und jeder nur einen kleinen Koffer und den Rucksack. Haltet euch dran." Der Vater wiederholt noch einmal, was sie bis in alle Einzelheiten hier am Küchentisch besprochen haben. Die Flucht muss heimlich sein. Denn immer noch hält Karl Hanke, der Gauleiter, an dem Erlass fest, der die Flucht verbietet. Darum nehmen sie den Nachtzug. Hoffentlich fahren nicht zu viele Menschen um diese Zeit!

Paul geht noch einmal durchs ganze Haus. Oben das Schlafzimmer der Eltern und Susas Zimmer, daneben sein kleines Zimmer, das Waschbecken. Sein Blick fällt auf ein Bild an der Wand. Ein Mädchen mit dunklen Haaren. Paul hat das Bild in der Klasse gemalt. Es ist Bella, seine Klassenkameradin. Paul mag sie. Aber er hat es ihr nie gesagt. Sie hat so etwas Stilles. Er musste immer zu ihr hinschauen. Sie hat eine so schöne dunkle Stimme, wenn sie Gedichte aufsagt. Dabei ist sie ganz natürlich. Nicht so eine Zimtziege wie seine Schwester.

Und wenn er sie jetzt nie wiedersieht? Er hätte es ihr sagen sollen. „Leb wohl, Bella", sagt er in Gedanken. Dann nimmt er schnell das Bild vom Nagel und schiebt es in die Jackentasche.

„Paul“, ruft Mama, „wo steckst du?“

Er schaut aus dem Fenster: sein Baum. Er geht zum letzten Mal die knarrende Treppe hinunter, schaltet im fensterlosen Treppenhaus das Licht an. An der Wand Aquarelle des Vaters. Paul hat immer die Sonntage genossen, an denen Papa malte.

„Paul, beeil dich!“

Er geht in die Küche: die Anrichte aus glänzendem, dunklem Holz. Der Küchentisch unterm Fenster mit vier einfachen Holzstühlen. Der Volksempfänger auf der Fensterbank. Paul erinnert sich, dass er sich schon als Kind die Ohren zugehalten hat, wenn Hitler redete oder vielmehr schrie. „Mach aus“, hat er manchmal sogar gebettelt. Und so ist es bis heute. „Mach aus.“ Hoffentlich ist der Spuk bald vorbei und er muss nicht mehr als Flakhelfer los. Die haben schon zwei aus der neunten geholt, weil sie fünfzehn geworden waren. Paul schreitet den Wohnraum ab. Seine Hand fährt über das Klavier. Ob er noch eben zwei Takte spielt? Er öffnet seine Jacke. Puh, ist ihm warm. Er spielt eine dunkle Melodie, in die sich langsam, langsam ein heller Ton schleicht.

Flak *Abkürzung für: Flugabwehrkanone (Geschütz zur Abwehr feindlicher Flugzeuge)*

Susa kommt die Treppe heruntergestakst. Er findet sie bescheuert, aber er mag sie auch. Seine Schwester. Ein letztes Mal plumpst sie in den Sessel. Er hört auf zu spielen. „Spiel weiter“, flüstert Susa. Der Vater scheucht draußen die Hühner durch ihre kleine Luke in den Keller. Paul hört das Gackern von Trulla. „Leb wohl, Trulla“, flüstert er. Er schließt den Deckel des Klaviers.

„Wir müssen die Zehn-Uhr-Bahn bekommen!“ Mama drängt jetzt energisch.

Paul schaut auf die Uhr, dann haben sie nur noch fünf Minuten!

Er sagt auch seiner Maus ade, einer kleinen weißen Maus, die ihm Tante Grete, eine Schwester des Vaters, geschenkt hat. „Vergiss nicht, sie zu füttern.“ Papa kommt gerade ins Haus zurück.

„Mach ich“, Papa klopft ihm auf die Schulter: „Mach’s gut, mein Großer. Pass gut auf die beiden auf. Trag Mama den Koffer, wenn’s geht. Du musst mich jetzt vertreten.“

Paul murmelt wohl zum hundertsten Mal die Adresse: „Marschner, Einsiedel. Hauptstraße 108.“

Sie umarmen sich. Paul zittert, als sie jetzt auch Papa Lebewohl sagen. Ob sie sich je wiedersehen?

„Treffpunkt Einsiedel“, sagt Papa, „und schickt ein Telegramm, wenn ihr da seid. Wenigstens eine Postkarte. Und schreibt oft. Das eine oder andere wird dann ankommen. Ich will alles wissen. Ihr seid doch das Liebste, was ich hab.“ Papa hat Tränen in den Augen. Paul umarmt ihn.

„Wir sehen uns sicher wieder. Ich weiß das“, flüstert er Papa ins Ohr. Es ist Donnerstag, der 18. Januar 1945, kurz vor 22.00 Uhr.

4

Die Straßenbahn fährt mit einem Ruck an. Der Vater steht im Schnee und winkt. Die Mutter schließt die Augen, um dieses Bild noch lange in sich festzuhalten. Ob sie ihren Mann je wiedersehen wird? Sie krampft die Hände um den Griff ihres Koffers, der neben ihrem Sitz steht.

Die Straßenbahn klingelt laut. Paul versucht, gelassen dreinzublicken. Er schaut die Mutter an, legt den Arm auf ihre Schulter und flüstert leise und mehr zum Trost: „Wir sind sicher im Mai wieder da." Das ist der Traum vieler. Dass sie zurückkommen werden. Vielleicht können sie dann wieder in ihre Nester einziehen, ihre Häuser und Wohnungen, die sie sich mühsam aufgebaut haben. Mama nickt tapfer. Paul lächelt ihr zu.

Nur Susa weigert sich, den Ernst der Lage zu erkennen, und mustert die beiden skeptisch. „Peinlich", murmelt sie durch die Zähne. „Ihr seht richtig peinlich aus."

„Schwesterchen, du wiederholst dich", zischt Paul.

Susa schnaubt und öffnet den Pelzmantel. „Mensch, ist mir heiß!" Sie fächelt sich Luft zu.

Mama starrt zum Fenster hinaus. Vorbei ist es mit der prachtvollen Beleuchtung der Straßen und Gebäude, seit wegen der Luftangriffe verdunkelt werden muss. Paul meint, einen Kirchturm zu erkennen. Ob er je wieder hier-herkommt? Ob er je wieder nach Schlesien zurückkehrt? In der Erinnerung zieht „sein" Breslau noch einmal vor-bei. Die wunderbare Dominsel mit den zwei Türmen. Da-neben die Kreuzkirche. Die Sandinsel mit der Sandkirche, umgeben von Mühlen und engen Gässchen. Weiter die Wasserkunst und Pauls Schule, das Jesuitengymnasium zu St. Mathias. Wenn man von dort weitergeht und die Brücke über die Oder überquert, kommt man zum Rathausplatz.

Jedes Mal, wenn er mit Mama in die Stadt kam, hat Paul hier Würstchen bekommen. Das Rathaus mussten sie im Zeichenunterricht malen. Dahinter die Elisabethenkirche. Paul weiß, da haben die Eltern geheiratet. Und der Ring. Viele schöne Giebelhäuser, kunstvoll verziert und bemalt. Paul mag Breslau. Es ist seine Geburtsstadt. Und die des Vaters! Adieu, Breslau!

Susa unterbricht Pauls Gedanken und murmelt Unverständliches.

Plötzlich Männer vor ihnen: Militärkontrolle. „Ausweise, bitte."

Die Mutter zieht ruhig alle drei Ausweise aus der Tasche. Paul schluckt, die Angst schnürt ihm die Kehle zu. Jetzt nichts Falsches sagen. Wenn sie nicht glauben, dass sie nur zur Oma fahren? Wozu haben sie dann die Koffer? Werden sie festgenommen? Er beobachtet die Gesichter der Männer. Die Hand der Mutter zittert. Aber ihre Stimme bleibt ruhig.

„Wohin wollen Sie?"

„Zu meiner Mutter nach Einsiedel bei Chemnitz. Der geht es nicht gut."

„Mit dem Nachtzug?"

Die Mutter nickt.

„Haben Sie irgendein Dokument, womit Sie das Verwandtschaftsverhältnis beweisen können?"

Paul hält den Atem an.

„Ich kann nur beweisen, dass wir nach Einsiedel bei Chemnitz fahren, weil ich hier die Fahrkarten habe ..." Die Mutter kramt in ihrer Tasche. Paul zittert innerlich. Wenn sie wenigstens einen Brief von Oma hätten ... Die Straßenbahn hält. Noch drei Stationen. Die Bahn fährt wieder an.

Der eine der beiden Männer baut sich vor ihnen auf. Breites, höhnisches Grinsen, hohe Stiefel. „Und das soll ich

Ihnen abnehmen? Fahren puppenlustig nach Westen und behaupten: Wir fahren zur Oma!“ Seine Stimme ist scharf und spöttisch. Jetzt sind es nur noch zwei Stationen bis zum Bahnhof. Gerade fährt die Bahn wieder an. Paul wird wütend. Kettenhunde, denkt er. Er muss sich zusammenreißen. Nein, er sagt nichts.

Da wird plötzlich im Hintergrund einer der Uniformierten laut. Ein anderer fasst zu: „Judenpack! Wagt sich hier in die Bahn. Seht euch diese dreckige Judensau an. Trägt den Judenstern nach innen.“ Sie treten mit den Stiefeln auf einen Jungen ein. Der könnte so alt sein wie ich, denkt Paul. Nein, nicht ganz. Dann erkennt er ihn. Das ist Jonathan aus der Musikschule. Paul springt wie von selbst auf. Der eine der Männer beobachtet ihn scharf. Paul will schon den Namen des Jungen rufen, da fällt er zurück in die Wirklichkeit und lässt sich auf den Sitz der Straßenbahn plumpsen.

„Kein Wunder, dass wir zugrunde gehen“, fährt eine keifende Frauenstimme dazwischen. „Dieses Gesindel ist doch schuld an allem. Judenpack.“

Paul schielt vorsichtig nach hinten. Der Junge liegt blutend auf dem Boden des Wagens. Er weint nicht. Ein Stiefel steht fest auf seinem Bauch. Der Kleine wagt nicht, sich zu rühren. Die anderen schlagen und treten weiter auf ihn ein. Paul wagt kaum hinzuschauen. Mensch, mit dem hat er sogar vierhändig gespielt. Er beißt sich auf die Lippen. Was hat der denen getan? Die Straßenbahn hält. Die Uniformierten steigen aus, zerren den Jungen aus dem Wagen, stoßen ihn mit ihren Gewehrkolben vor sich her. Was machen die mit ihm? Aufknüpfen? Paul beißt sich die Lippe blutig. „Pass auf“, sagt Mama und reicht ihm ein sauberes Taschentuch.

Aber Jonathans Unglück war wahrscheinlich ihre Rettung. Die beiden Männer, die sie kontrollierten, sind auch ausgestiegen. Pauls Blick geht wieder zu Mutter und Schwester. Susa sitzt reglos da. Mama ist blass. Noch eine Station. Paul umklammert den Griff seines Koffers. Mama versucht ein Lächeln.

Dann hält die Straßenbahn am Bahnhof. Die Fahrgäste drängen hinaus. Mama, Paul und Susa lassen sich mitziehen.

Breslau vor dem Zweiten Weltkrieg

5

Da haben sie sich aber gründlich getäuscht in der Annahme, zu dieser Zeit und um diese späte Stunde würden weniger Menschen fahren!

Paul reibt sich die Augen. Im gespenstischen blauen Tarnlicht der Bahnhofsbeleuchtung Menschenmengen! Wogende Menschenmengen, so weit man sehen kann!

Lautes Stimmengewirr auf dem Bahnhofsvorplatz. Gellendes Geschrei von Mütter suchenden Kindern und Kinder suchenden Müttern, Menschen, die sich zwängen und quetschen, auf den Eingang des Bahnhofs zu. Fast aggressiv fletscht diese Masse die Zähne, während sie in den brodelnden Kessel Bahnhof drängt. Da wollen alle hinein – und weg aus der Stadt. Menschen mit ein oder zwei Gepäckstücken an der Hand. Menschen, die wie Pakete verschnürt vorwärtsdrängeln. Menschen mit Handwägelchen, voll bepackt bis obenhin. Paul fragt sich, wie die alle die Kontrollen passieren konnten. Dazwischen Kinderwagen mit schlafenden oder schreienden Babys. Mütter, die im letzten Moment ihre kleinen Kinder hochreißen, damit sie nicht von der Menge zertreten werden. Alte Menschen und junge. Ein Kinderweinen zu Pauls Füßen: Er zieht ein Mädchen hoch, es lag schon halb unter seinem Stiefel. Er reicht es stumm der Mutter. Paul bekommt würgende Angst. Die Menge schiebt und presst. Weiter. Weiter. Jeder ist sich selbst der Nächste.

Wohin wollen all diese Menschen?

Da ist wohl gerade ein Sanitätszug angekommen. Tragen mit Verwundeten werden durch einen Seitenausgang geschoben. Bestimmt von der Front. Es riecht nach Schweiß und Eiter.

Ein zerlumpter Soldat, Bart und abgerissene Uniform, steht auf einem Podest und hält Reden. Als Paul nahe genug ist, kann er Satzfetzen verstehen. „Wir glauben an Adolf Hitler, unseren Führer ... Der Mob da, der glaubt nicht mehr, und Unglaube ist Wehrkraftzersetzung ... Der Führer prüft uns ... Wenn die Prüfung vorbei ist, schlägt er zu. Mit ganz neuen Waffen ...“ Paul zieht an Mutters Arm. Susa drückt sich von hinten an ihn. „Mann, die Zeit der Reden ist vorbei!“, wirft Paul dem Schreier entgegen. Zum Glück gehen seine Worte im Lärm unter, und dann werden sie auch schon weitergeschoben.

Weißer Atem steht ihnen wie eine Fahne vorm Mund. Inmitten der Menschenmenge spürt man die Kälte weniger, aber an der ungeschützten Halle hängen lange, riesige Eiszapfen vom Dach und von den Simsen herunter. So hat Paul den Bahnhof noch nie gesehen. Fast wie verzaubert. Aber es ist ein böser Zauber. Paul stößt mit einer Frau zusammen, die offenbar alles am Leib trägt, was sie an warmer Kleidung überhaupt übereinander anziehen konnte. Paul ist noch hinter der Mutter. Hinter ihm Susa. Mamas äußerer Mantel spannt oben an der Schulter. Er reißt fast. Paul ist froh über seine neue Winterjacke, die er zu Weihnachten bekommen hat. Sie ist noch richtig groß. Deswegen passen darunter die alte Jacke und noch zwei Pullover. In der Straßenbahn hat er geschwitzt wie ein Bär, jetzt sticht die Kälte ins Gesicht. Die Mutter fragt noch einmal: „Adresse?“ Paul nickt. Klar ist die Adresse in seinem Kopf. Susa mault: „Nicht schon wieder.“

„Und wenn wir uns verlieren?“, fragt die Mutter weiter. „Treffpunkt?“

„Treffpunkt Dresden“, murmelt Paul. In Dresden können sie bei Tante Martha unterkommen. Das ist als Zwischenstation vereinbart. Dresden würde bestimmt nicht angegriffen werden. Das sagen alle: Eine Stadt wie Dresden, die bombardieren sie nicht. Da ist der Respekt zu groß. Breslau hingegen, das schöne Breslau – da sind alle sicher – wird Opfer eines Luftangriffs werden.

Vom Himmel fallen Schneeflocken, sie verhüllen minutenlang den Bahnhof. Schneezauber. Trauriger Zauber.

Sie zwängen sich in die Vorhalle des Bahnhofs. Wo fährt der Zug ab? Paul hält die Hand der Mutter. Susa ist jetzt vor ihnen. Die Mutter hat eben gesagt: „Hauptsache ein Zug nach Westen, alles Weitere wird sich finden. Am besten natürlich ein Zug nach Dresden." Sie sind von allen Seiten eingekeilt, kommen nur um Zentimeter weiter. Da spürt Paul etwas Weiches unter den Füßen. Er bückt sich, obwohl das in dem Gedränge gefährlich ist. Man kann zu Boden gedrückt werden. Paul zieht. Susa schimpft. Die Mutter zieht mit. Jetzt haben sie es. Sie zerren einen kleinen Jungen hoch. Vielleicht zwei Jahre alt. Der Kleine weint: „Mama, Mama. Aua." Sein Bein ist gequetscht. Paul zieht ihn ganz hoch und streichelt ihm erst mal über den Kopf. Da greifen schon zwei Arme nach dem Kind, seine Mutter. „Anton, Anton, Gott sei Dank! Da bist du!" Eine Frau mit Kinderwagen, einem Baby drin, einem kleinen Mädchen sitzend obendrauf, bemüht sich verzweifelt, in der Menge durchzukommen. Paul versucht, ihnen den Weg hinter sich freizuhalten. Aber schon sind sie in der Menge verschwunden, wohl in eine andere Richtung abgedrängt. Wie viele Menschen hier wohl zertreten oder zerdrückt werden – und keiner kümmert sich darum. Susa ist vor ihm. Mama dicht neben ihr. „Sorge erst für uns", zischt Susa ihrem Bruder zu. Plötzlich sieht Paul Angst in den Augen seiner Schwester. Er nimmt ihre Hand, murmelt: „Ich halte dich fest", und schiebt sie weiter.

In dem Augenblick stolpert Mama und stürzt direkt vor ihm zu Boden. Paul reißt sie am Mantelkragen hoch, aber er kann sie nicht richtig fassen. Der Druck der Menge ist zu groß. „Susa, hilf!“, schreit Paul, packt Mamas Arm und zieht. Susa gelingt es, den anderen Arm zu packen. Mama steht wieder. Doch als sie ihren linken Fuß aufsetzen will, verzieht sie vor Schmerz das Gesicht.

„Was ist?“, fragt Paul erschrocken.

„Der Fuß“, sagt Mama, „fühlt sich an wie verstaucht. Die großen Stiefel. Ich bin umgeknickt, weil ich keinen richtigen Halt hatte.“ Mama weint. Sie versucht es noch einmal: „Ich kann nicht auftreten.“

Was sollen wir jetzt bloß machen, denkt Paul. Er kann Mama doch nicht tragen. Und da sind ja auch noch die Koffer. Mamas Koffer nimmt er sofort.

Die Mutter schaut ihn hilflos an. Susa stemmt sich gegen die nachdrängende Menge und schirmt so die Mutter gegen den Druck ab.

„Oder sollen wir zurück?“, fragt Paul zögernd. So kommen sie doch kaum in einen Zug. Aber der Rückweg würde womöglich noch schwieriger. Paul will gar nicht daran denken.

Mama schüttelt den Kopf.

Paul zieht sie vorsichtig weiter. Susa nimmt Mamas Arm, hakt sich bei ihr ein. Mama ist vor Schmerzen weiß im Gesicht.

„Es geht nicht“, flüstert sie fast tonlos.

„Also zurück.“ Paul ist auf einmal ganz ruhig.

Mama nickt und schluchzt verzagt auf: „Was soll das bloß werden?“

Paul gibt Susa ein Zeichen. Sie versuchen, sich langsam zu drehen, versuchen, gegen den Strom anzukommen. Paul an der Spitze. Mama und Susa in seinem Kielwasser. Mit der Kraft und Entschlossenheit der Verzweiflung treibt Paul einen Keil in die drängende Menge.

Sie schaffen es. Die Straßenbahn, das Dunkel. Paul und Susa legen Mamas Fuß vorsichtig auf ihre Knie hoch. Keine Kontrollen. Schweigen.

„Es tut mir leid", schluchzt Mama.

Sie steigen aus. Sie stützen ihre Mutter. Mama hüpft auf dem rechten Fuß bis zur Haustür. Sie läuten.

„Wer ist da?", fragt Papas erstaunte Stimme hinter der Tür.

„Wir", sagt Paul. Papa öffnet. Das Missgeschick ist schnell erklärt. Mit gemeinsamer Anstrengung ziehen sie den Stiefel vom geschwollenen Fuß der Mutter. Mama schreit vor Schmerz leise auf.

Papa tastet den Fuß ab. „Er scheint zum Glück nicht gebrochen zu sein. Leg ihn erst mal hoch", meint Papa.

„Und jetzt?", fragt Mama.

Keiner antwortet.

Paul steht in seinem verdunkelten Zimmer am Fenster. Es hat aufgehört zu schneien, der Himmel ist klar. Die flimmernden Sterne und die Schneedecke erhellen die kalte Nacht. Was soll jetzt aus ihnen werden?

6

Am nächsten Morgen Gauleiter Hankes Befehl: „Alle Zivilpersonen haben Breslau unverzüglich zu verlassen." Egal ob Kinder, Kranke oder Alte – alle müssen gehen.

Der Evakuierungsbefehl wird in der Zeitung abgedruckt und mit Sprechtüten in den Straßen verkündet.

Im Haus der Familie Kollatsch herrschen Verzweiflung und Ratlosigkeit. Paul könnte heulen vor Wut: Noch am Tag zuvor war Flucht Hochverrat. Und nun darf man nicht bleiben? Verbittert ballt Paul die Fäuste in den Taschen und sieht auf Mamas geschwollenen Fuß.

„Und wenn Paul und ich allein gehen?", fragt Susa.

„Kommt nicht infrage", sagen die Eltern.

„Bis morgen warte ich, dann gehen wir", sagt die Mutter tapfer. Sie versucht, aufzutreten, zuckt aber schmerzhaft zusammen. Papa massiert vorsichtig den geschwollenen Knöchel.

Das Bein wird hochgelegt und gekühlt. Die Schwellung lässt schon nach. Aber von Laufen kann keine Rede sein. Warten.

Paul denkt an die Menschenmassen auf dem Bahnhof, sieht draußen das neuerliche Schneetreiben, den klirrenden Frost. „Wir müssen fort", murmelt er. Denn irgendwann fährt kein Zug mehr.

Am nächsten Morgen verschärft Karl Hanke seinen Befehl. „Wer jetzt noch bleibt, wird entfernt." Was immer das heißt. Paul sieht den baumelnden Lehrer Herrmann vor sich. Die alte Angst macht sich breit.

Papa zieht ihn in den Keller. Sie bauen ein zusammenklappbares Gestell, auf dem Mama ihren Fuß hochlegen kann. Paul kocht eine Suppe.

Dann bringt Papa sie zum Bahnhof. Keine Kontrollen mehr in der Straßenbahn.

Als sie die Menschenmenge vor dem Bahnhof sehen, verabschieden sie sich vorsichtshalber von Papa. Obwohl der nach Möglichkeit noch so weit mitkommen will, bis er Mama mit den Kindern sicher im Zug sitzen sieht. Paul trägt beide Koffer, auch den von Mama. Susa hakt sich bei Mama ein und stützt sie. Papa versucht, den Weg zu bahnen.

Nach Osten fahren keine Züge mehr. Das sind die Bahngleise dort hinten. Dort ist es leer. Da kommen nur noch Züge mit Verwundeten von der Front an. Wenn überhaupt. Die Verwundeten werden hier in Lazaretten versorgt. Breslau ist eine Lazarettstadt. Doch wie lange noch? Ob die Lazarette und Kliniken auch evakuiert werden?

Neben Paul sagt eine Stimme: „Züge fahren nur noch nach Westen." Jeder Zug bringt sie hier hinaus. Alle Züge fahren nach Westen.

Die Menge ist ungeduldiger, rücksichtsloser als noch vor zwei Tagen. Mütter mit Kindern boxen sich mit ihren Kinderwagen einen Weg durch die Menschenmasse. Plötzlich müssen alle zurück. Ein Verwundetentransport ist eingetroffen. Soldaten, verstümmelte und verdreckte Männer mit blutdurchtränkten Verbänden.

Es geht immer vor und zurück. Wann sind sie endlich an der Sperre?

Auf einmal gibt es einen Ruck, ein ganzer Pulk von Menschen wird mit dem Sog mitgezogen. Paul, Susa und die Mutter haben eine günstige Position. Susa ist mit Mama vorne. Paul drückt sich direkt an Susa. Papa hält den Weg für sie frei. Jetzt sind sie fast an der Sperre. Es muss gerade ein Zug abgefahren sein, denn der Bahnsteig ist noch nicht ganz so voll. Ordnungskräfte rufen: „Nicht drängen! Alle kommen mit!"

Der nächste leere Zug fährt ein. Es ist so weit, sie stehen in der zweiten Reihe direkt vor einer Zugtür. Die alten Wagen für Reisende mit Traglasten. Rundherum Holzbänke, jedes Abteil hat zwei Türen nach draußen, auf jeder Seite eine. Geschiebe und Gedränge. Geschrei. Koffer und Bündel fliegen durch die offenen Türen in die Wagen. Ein Fenster wird eingeschlagen, geschickte Leute klettern hinein. Paul ist drinnen, besetzt einen Platz, versucht, sich ein bisschen breitzumachen. Er reicht Mama die Hand, Papa schiebt nach, zieht sich dann aber aus der drängenden Menge zurück. Winkt. Im Nu sind alle Plätze auf den Bänken besetzt. Eine schrille Frauenstimme zetert: „Junge Burschen brauchen doch wohl keinen Sitzplatz." Mama jetzt neben ihm. Susa auf dem Koffer zu seinen Füßen.

Paul hilft einer Frau mit zwei kleinen Kindern. Sie drängt sich mit äußerster Kraft in das Abteil. Alle rücken ein weiteres Mal zusammen. Bis schließlich der Zug aus allen Nähten platzt. Trauben von Menschen hängen noch vor den Türen, versuchen sich festzuklammern. Die erfrieren doch, denkt Paul. Plötzlich fährt der Zug an. Ein Ruck der Erleichterung geht durch die Menge. Und die da draußen? Ein Mädchen kann sich schon nicht mehr halten, fällt ab wie ein Stück Obst vom Baum. Der Zug rollt aus dem Bahnhof. Einige schlucken die Tränen herunter. Die angespannten Nerven können sich erst einmal beruhigen. Sie fahren!

„Die Russen stehen schon vor Oels, zwanzig Kilometer östlich von Breslau", sagt eine Stimme. Paul legt den Arm um Mama. Sie haben die erste Hürde geschafft.

Am nächsten Tag erlässt Gauleiter Hanke für alle, die noch in der Stadt sind, den Befehl, diese sofort zu Fuß zu verlassen. Richtung Opperau und Kauth.

Breslau hatte am 18. Januar 1945 über 700 000 Einwohner. Am 1. Februar 1945, zwölf Tage später, sind es nur noch 200 000.

7

Paul hockt zu den Füßen seiner Mutter, den rechten Arm auf seinem Koffer, den linken halb eingeklemmt zwischen Susa und dem Rucksack. Vor ihm, wie eine Wand, ein Kinderwagen. Das Baby schreit. Die Mutter, die daneben steht, steckt ihm ihren Finger in den Mund. Die ruckelnden Bewegungen des Zuges schläfern die Fahrenden ein. Einige öffnen ihre Mäntel, soweit es in der Enge möglich ist. An ein Ablegen der Kleidung ist nicht zu denken. An ein Hochlegen von Mamas verstauchtem Fuß schon gar nicht. Trotzdem herrscht Erleichterung. Erleichterung und eine wohltuende Stille.

Der Zug fährt durch die dunkle Frostnacht. Die Lokomotive pfeift von Zeit zu Zeit. Ein alter Mann hustet. Als er versucht, das Fenster aufzumachen, wird Rauch hereingedrückt, und der Mann hustet noch mehr.

Aus der Dunkelheit des Abteils schimpft eine Stimme auf die Russen, die Schuld seien an dieser Flucht.

„Wir Deutschen haben angefangen!“ Es ist nur ein Murmeln, was Paul von sich gibt, aber ein Mann hat ihn dennoch gehört.

„Was weißt du denn, du Rotznase!“, fährt er Paul an.

Die Mutter pufft Paul: „Schweig.“ Da schweigen alle. Paul erinnert sich an einen Spruch des Vaters: „Die Wahrheit ist etwas, was man in solchen Zeiten besser im Kopf behält. Aber im Kopf, da muss man sie immer wieder neu suchen.“ Paul beißt sich auf die Lippen. Wie lange muss man das, was man denkt, noch verstecken? Er ist sauer, wütend. Warum kann er das nicht zeigen?

Der Zug hält auf freier Strecke an. Er bleibt lange stehen. Eine Frau fragt immer wieder: „Wann geht es endlich weiter?“

„Ruhe, Muttchen“, sagt ein alter Mann. „Wir sind doch gerettet, wir sind im Zug.“

Paul lehnt sich an die Beine der Mutter. „Ist das der verstauchte Fuß?“

„Mach nur“, sagt Mama, „vielleicht können wir sogar ein bisschen schlafen.“

Paul kann nicht schlafen. Er lauscht auf die Geräusche des fahrenden Zuges. Eine eintönige Melodie. Die Lokomotive pfeift in die Nacht. Plötzlich fängt auch Paul an, leise vor sich hin zu pfeifen. Die Mutter stößt ihn in die Seite. Paul erschrickt und verstummt. Da sagt er sich immer wieder die Adressen vor, zu denen sie wollen. Die Adresse der Oma, die Adresse von Tante Martha in Dresden. Das schläfert wirklich ein. Schließlich wird er von den monotonen Geräuschen so müde, dass auch ihm die Augen zufallen. Doch er wacht immer wieder auf.

Draußen im Dunkeln die weiße, frostige Landschaft und Schneeflocken, die vorm Fenster treiben. Der Mann zu Pauls Rechten bekreuzigt sich. Eine alte Frau jammert. Die meisten Mitreisenden schlafen. Da zieht Paul ein kleines Bild aus der Tasche. Er streicht es glatt. Es ist das Porträt von Bella. Heimweh befällt ihn. Dabei haben sie Breslau erst vor kaum zwei Stunden verlassen. Werden sie Papa wiedersehen? Werden sie es schaffen? Paul reißt sich aus seinen trüben Gedanken, heraus aus dieser großen, dunklen Angst, die immer mit ihm geht. Und er murmelt wieder Omas Adresse und die von Tante Martha. Da werden sie morgen sein.

Paul döst ein. Wirre Träume ziehen durch seinen Schlaf. Bella kommt darin vor, und sein Klavier ist da. Er tastet nach der Mundharmonika in seiner Tasche. Sein Blick bleibt am Gesicht seiner Schwester hängen. Ein verlorenes Lächeln liegt darauf. Da wird auch sie wach.

Der Zug stampft durch die Nacht. Paul überlässt sich dem gleichförmigen Rhythmus des fahrenden Zuges. Sie sind auf dem Weg nach Dresden! Sie werden bald dort sein. Und Dresden ist sicher.

Langsam kriecht der Morgen in das Abteil. Das Baby liegt jetzt wach im Kinderwagen und kräht vor sich hin. Die Mutter hat ihm ein trockenes Brot in die Hand gedrückt.

Doch plötzlich bleibt der Zug stehen. Türen fliegen auf. Fragen gehen zwischen den Abteilen hin und her. Da ertönt ein vielstimmiger Schrei: „Tiefflieger!“ Alle drängen zu den Türen, um notfalls rasch ins Freie zu kommen und draußen Deckung zu suchen. Paul zieht Mama mit sich, die Mutter zieht Susa mit.

„Können die da oben nicht endlich aufhören, Krieg zu führen?“, ruft eine gebrochene Stimme verzweifelt.

Die Drängelei wird zur Panik, als die ersten Salven der Maschinengewehre neben dem Zug einschlagen. Hilferufe. Ein Schrei. Jemand ist getroffen. Paul presst seine Hände vors Gesicht. Er will nichts mehr sehen und hören. Weg! Nur weg! Er schreit. Und die Maschinen schrauben sich jaulend wieder in den Himmel, um in weitem Bogen aus der tief stehenden Morgensonne erneut anzugreifen.

Zum Überlegen ist keine Zeit. Sie müssen da hinunter. Sie müssen vom Zug springen. Aber wie? Weit über zwei Meter sind es vom untersten Trittbrett bis zum Fuß des Schotterbetts. Paul springt und fängt Mama auf. Und das mit ihrem kaputten Fuß. Niemand weiß hinterher zu sagen, wie sie das geschafft haben und dann in Todesangst unter den Zug gekrochen sind.

Eng aneinandergedrängt liegen Paul und Susa neben Mama zwischen den Gleisen. Salven von Maschinengewehren. Paul presst sein Gesicht auf den nackten, kalten Schnee. Über ihnen splittern Scheiben, schlagen Geschossgarben in die Blechhaut der Waggons, heulen die Motoren der Flugzeuge. Keiner spürt die Kälte des Bodens und der Luft, die Angst erstickt jedes andere Gefühl. Ein Schuss. „Mama, lebst du?“ Paul tastet mit der Hand nach rechts, streicht Mama und dann Susa über den Kopf. Ein Händedruck als Antwort. „Wann hört das auf?“ Das war Mama.

Plötzlich ein Einschlag neben ihnen. Eine junge Frau springt auf, stößt sich am Waggon, fällt zurück. Schreit. Dann bricht sie lautlos zusammen.

„Die hat es erwischt“, sagt ein Mann mit rauer Stimme und fügt leise hinzu: „Und dabei hatte sie noch das ganze Leben vor sich.“

„Tot?“, fragt Mama und versucht, im Schutz des Eisenbahnwaggons die Hände der jungen Frau zu ertasten. Sie spricht sie an. Keine Antwort. Ob sie wirklich tot ist?

„Die ist erlöst“, sagt der Mann von vorhin mit tonloser Stimme. Paul zittert. Er hat noch nie so nah einen Menschen sterben sehen.

Und trotzdem: liegen und warten. Die Motorengeräusche entfernen sich, werden zu einem dünnen Rinnsal in der trüben Schneeluft.

„Können die sich nicht andere Ziele aussuchen als Flüchtlinge, die nichts mehr zu verlieren haben als ihr nacktes Leben?“ Es ist nur eine von vielen Stimmen, die ihrer Wut und Empörung Luft machen.

„Zurück!“, ruft jemand, „der Angriff ist vorbei.“ Alle warten, misstrauen noch der Stille.

So schnell, wie der Spuk gekommen ist, ist er auch vorbei. Paul ist einer der Ersten, die unter dem Zug hervorkriechen, immer wieder gegen die aufgehende Sonne blinzelnd, ob die Jagdflugzeuge auch tatsächlich nicht zurückkehren.

Viele der Flüchtlinge haben sich beim Verlassen des Zuges verletzt, aber wie durch ein Wunder scheint niemand ernsthaft getroffen worden zu sein. Bis auf die junge Frau.

Einer der Mitreisenden zieht die Tote unter dem Zug hervor, bettet sie auf die Böschung und drückt ihr die Augen zu.

Am Fuße des Schotterbettes stehen jetzt Hunderte von Menschen und schauen zu den unerreichbaren Trittbrettern hinauf. Aber wer weiß, ob sie überhaupt weiterfahren können. Womöglich wurde die Lokomotive getroffen.

Paul macht für Susa die Räuberleiter, sie steigt in seine verschränkten Hände, ergreift das Trittbrett, und schon ist sie oben. Wie viele andere auch, die jetzt von oben ziehen helfen, wo zusätzliche Kraft erforderlich ist. Mama schieben und ziehen sie von unten und oben gemeinsam. Paul und ein paar andere geschickte Kletterer turnen sich schließlich über die Radachsen hoch.

Doch wie sieht es in den Zugabteilen aus! Kaum ein Fenster ist heil geblieben, Gepäckstücke sind durch Geschossgarben zerfetzt, die Trennwände durchsiebt, durch Einschusslöcher sieht man den Morgenhimmel und die Schneedecke unter dem Boden des Waggons. Alle versuchen nach Kräften, die ärgsten Löcher zu stopfen, um den eisigen Fahrtwind abzuhalten, denn die Lokomotive zieht jetzt mit einem Ruck an, und der Zug setzt sich tatsächlich – wenn auch langsam und stockend – wieder in Bewegung.

Aber sie kommen nicht weit. Der Zug hält an einem kleinen Bahnhof und durch Lautsprecher ergeht der Befehl: „Alles aussteigen!“ Von hier müssen sie zu Fuß weiter.

Paul betrachtet besorgt Mamas Fuß, der wieder stark geschwollen ist. Kein Wunder nach all den Anstrengungen. Paul ist wie vor den Kopf geschlagen. Trotzdem klopft er Mama auf die Schulter und sagt: „Wir schaffen das.“

Der Zug leert sich. Menschenmassen stülpen sich auf die schneeglatte Straße. Für Augenblicke klart es auf und die Sonne blinzelt hervor.

„Wir müssen von der Sonne weg, Richtung Westen gehen“, erklärt ein Mann. „Auf eins, zwei: Marsch!“, ruft er laut, wie um sie alle aufzumuntern.

Schweigend schließen sie sich einem langen Strom von Menschen an. Sie sind nicht die Ersten.

Es geht das Gerücht, Gauleiter Hanke habe inzwischen angeordnet, dass die Flüchtlinge nur noch eine Stunde weit aus der Stadt Breslau hinauszubringen seien, und von da müssten alle zu Fuß weiter. Da hatten sie noch Glück, denn sie sind mehrere Stunden mit dem Zug gefahren und somit schon viel näher an Dresden. Obwohl keiner weiß, wo genau sie sich befinden.

„Auf die Weise leert Hanke seine Stadt, und wir können sehen, wo wir bleiben.“ Eine erboste Stimme, die ausspricht, was viele denken.

„Und das bei dieser Kälte.“

„Wo sind wir?“

„Ich laufe nach vorn und erkundige mich“, ruft ein ungefähr zehnjähriger Junge.

„Da kannste lange laufen, Jungchen.“

Am rechten Wegrand steht eine Gruppe von Soldaten. Plötzlich zerrt einer von ihnen einen etwas älteren Jungen aus der Menge.

Eine Frau schreit: „Er ist mein Sohn, gerade erst dreizehn.“

„Der Junge bleibt bei uns“, sagt der Soldat.

„Du willst bestimmt deine Heimat verteidigen!“, meint ein zweiter grinsend. Der Junge wird blass.

„Befehl von oben“, sagt der erste Soldat, „alle Männer an die Front. Wir verteidigen mit Mann und Maus.“

„Jetzt verteidigt ihr schon mit Kindern?“, schreit die Frau und will sich auf den Soldaten stürzen, hält sich aber im letzten Moment zurück.

Während dieser Auseinandersetzung drängt Mama Paul unauffällig an die linke Seite. Paul zieht wie von selbst seine Mütze tiefer ins Gesicht. Und wie von selbst biegen sie in ein Waldstück ein, stapfen mitsamt ihrem Gepäck durch den tiefen Schnee, parallel zu der Menschenkolonne. Mama und Susa, Paul hinterher. Die Stimmen der Soldaten entfernen sich.

Die Mutter des Jungen weint.

Mama lugt durch die Bäume. Haben die Soldaten wirklich nichts bemerkt? Haben sie Paul wirklich nicht wahrgenommen? Es scheint so zu sein. Denn jetzt nehmen sie sich gerade einen alten Mann vor. Die Augen der Soldaten mustern schon die nächsten Reihen. Geschafft! Nach ungefähr vierhundert Metern stapfen sie zu den anderen zurück, reihen sich wieder ein. Der Bursche war kaum älter als ich, denkt Paul. Eine junge Frau klopft ihm auf die Schulter: „War richtig.“ Mama drückt Pauls Hand. „Ein paar Reihen hinter uns haben sie sogar einen alten Mann herausgeholt“, erzählt die Frau. „Halbe Kinder und alte Männer sollen helfen, den verlorenen Krieg zu gewinnen. Wahnsinn!“

„Nicht zurückschauen“, zischt Mama Paul zu. Sie versucht immer wieder nach vorne zu spähen, ob da noch Soldaten stehen.

Vor ihnen breitet sich die weiße Ebene aus, durch die sich wie eine endlose dunkle Schnur die Kolonne der Flüchtlinge zieht. Ganz hinten verschwindet sie wie ein dünner Bleistiftstrich im Grau eines Schneesturms.

Sie gehen und gehen. Manche haben ihr Gepäck im Zug zurückgelassen oder später, unterwegs, von sich geworfen.

Sie trotten durch ein kleines Dorf. Eine Frau erkennt es, weiß jetzt, wo sie gerade sind. „Dann sind es noch ungefähr hundertzwanzig Kilometer bis nach Dresden“, sagt sie.

„Vielleicht erwischen wir ja noch irgendwann eine Eisenbahn.“

Aber diese Hoffnung ist wohl vergebens.

Paul schaut an sich hinunter. Die schweren, großen Stiefel, die eisglatte Straße. An jeder Hand einen Koffer. Und kein Ende in Sicht.

Sie gehen schweigend. Der Wind bläst ihnen von Westen direkt ins Gesicht. Susa merkt, dass sie ein Loch im Handschuh hat. Sie versucht, es mit der Faust zuzuhalten. Aber dabei verkrampft die Hand. Und wenn sie den Koffer in die andere Hand nimmt, zieht die Kälte direkt in das Loch hinein.

„Vielleicht finde ich ja heute Abend Nähzeug.“

Paul möchte einen Witz machen, aber er gefriert auf seinen Lippen.

Allmählich beginnt Paul darauf zu achten, wie viele Dinge rechts und links am Wegrand liegen: Wagenräder und Schuhe, Koffer und Bündel. Ein toter Hund. Erfroren, zurückgeblieben. Vielleicht war er alt.

Und dort: ein Haufen Kleider. Oder steckt etwa noch jemand darin? Paul wird schlecht. Trotzdem schaut er noch einmal hin, kann die Augen nicht davor verschließen. Ja, es ist ein Mensch, der da zusammengesunken liegt. Leise rieselt der Schnee auf ihn herab. Als breite jemand vorsichtig eine Decke darüber.

Paul muss sich übergeben.

Da schreit Mama auf. Sie ist in den viel zu großen Stiefeln von Papa wieder umgeknickt. Paul fängt sie gerade noch auf. Da sie sich trotzdem nicht halten kann, fällt sie an seiner Hand langsam, wie in Zeitlupe, in den Schnee. Mama sagt nichts, versucht nur vorsichtig den Fuß zu bewegen.

Paul hilft ihr hoch. Doch Mama verzieht das Gesicht. Sie kann mit dem Fuß nicht auftreten.

Tränen der Wut und Verzweiflung glänzen in ihren Augen. Die Tränen gefrieren auf ihren Wangen. Der Strom der Menschen zieht an ihnen vorbei. Die Mutter hockt sich auf einen Koffer. Was sollen sie tun?

Der Schnee wird immer dicker und tiefer. Besonders am Rand, wo sie mühsame Gehversuche machen. Doch in der Mitte ist es noch schlimmer. Da ist die Straße gewölbt und spiegelglatt. Mama versucht einen Schritt, aber der Fuß pocht vor Schmerz.

Ob Paul sie über die Schulter hängen kann? Er versucht es, stürzt dabei selbst fast in den Schnee. Nein. Mama ist zu schwer.

Sie humpeln ganz langsam weiter. Um die anderen nicht zu behindern, halten sie sich am äußersten Rand der Straße. Mama stützt sich auf Pauls Schulter ab, verzieht bei jedem Schritt das Gesicht. Den Rucksack hat Paul über die andere Schulter gehängt. Susa trägt jetzt zwei Koffer – ohne zu murren.

„Wenn wir doch nur einen Handwagen hätten“, seufzt Mama.

Ja, daran hat Paul auch schon gedacht. Aber wer lässt schon einen Wagen zurück?

Der Eiswind schneidet ins Gesicht. Die Tränen gefrieren und verkleben die Wimpern.

Plötzlich bleibt Paul stehen. Da liegt tatsächlich ein zerbrochener Wagen im Schnee. Vielleicht ist er auch liegen geblieben, weil das Ziehen im Schnee zu schwer war. Paul bückt sich. Ein Rad fehlt. Vielleicht könnten sie es im Ort ersetzen. Das Rad muss ersetzt werden! Es ist die einzige Möglichkeit.

Im Ort? Vor ihnen ist weit und breit kein Ort. Der Blick verliert sich in der Landschaft. Die nächsten Häuser sind noch kilometerweit entfernt. Aber – sind sie nicht eben an einem Dorf vorbeigelaufen? Dahin müssen sie zurück. Also drehen sie um. Humpeln gegen den Strom. Paul zieht mit großer Mühe den dreirädrigen Karren. Susa trägt zwei Koffer. Obwohl sie nicht sehr schwer sind, stellt sie sie immer wieder für einen Moment ab. Mama schleppt sich langsam hinterher.

Paul zieht und hebt. Balanciert. Der Wagen kippt. Jetzt weiß Paul, warum die Karre liegen geblieben ist. Trotzdem gibt er nicht auf. Nur gut, dass sie jetzt den Wind im Rücken haben. Die Böen schieben sie fast an. Es schneit wieder stärker.

Die ersten Häuser des Dorfes kommen in Sicht. Hoffentlich gibt es hier einen Schmied!

Paul fragt eine Frau, die gerade aus einem Haus kommt.

„Da links um die Ecke. Aber hoffentlich können Sie auch bezahlen. Der tut nur was gegen guten Lohn." Paul befühlt seine Taschen. Er hat nichts. Trotzdem zerrt er den Wagen durch das Werkstatttor in die Schmiede. Mama und Susa folgen zögernd.

Der Schmied schlägt auf den Amboss und beachtet sie erst gar nicht.

„Guten Tag!", schreit Paul gegen den Lärm an. „Können Sie das hier reparieren?" Der Schmied geht zur Esse, dreht sich zu Paul um. „Was kannste zahlen?" Und er reibt seine Finger. Da nimmt Paul seine Armbanduhr ab. Die hat er im vergangenen Jahr von der Oma bekommen.

Esse
offene Feuerstelle mit Abzug

Der Schmied verzieht das Gesicht, untersucht die Uhr. „Is' nich' viel dran." Trotzdem begibt er sich an die Arbeit.

„Solider Wagen“, murmelt er. Er findet tatsächlich ein Rad, das in etwa passt. Er braucht lange. Dass er bloß nicht aufhört, die Arbeit einstellt. Sie müssen den Wagen haben! Gleichzeitig merkt Paul, dass sie sich hier in der Nähe des Feuers wunderbar aufwärmen können. Susa hält ihre Hände nah an die Flammen.

Als er fertig ist, wird der Schmied gesprächiger.

„Ist für meine Mutter“, murmelt Paul. „Sie hat sich den Fuß verstaucht. Gerade jetzt.“

„So ein Pech aber auch.“ Der Schmied zwinkert Mama und Susa zu, die am Rand auf zwei Holzkisten hocken und mit Herzklopfen alles beobachten, mustert noch einmal den Wagen. Dann baut er an der zweiten Radachse noch eine Verstärkung ein. Die Mutter und Susa lächeln unsicher. Der Schmied nickt ihnen aufmunternd zu. „Es wird schon gehen so. Der Wagen, der hält. Das ist bombensicher.“

Sie bedanken sich ohne viele Worte. Jetzt können sie wirklich neu aufbrechen. Mama sitzt im Wagen, mit einem Koffer als Rückenlehne.

„Hoffentlich wird der Schnee nicht noch tiefer“, murmelt Paul. „Dann schaff ich das nicht.“ Susa muss weiter zwei Koffer tragen. Paul wird sich richtig vor den Wagen spannen müssen.

Mama hat eine Wolldecke aus ihrem Koffer gezogen und breitet sie über ihre Beine.

„Ich kann dir auch den Pelzmantel geben“, bietet Susa an. „Im Sitzen spürst du die Kälte bestimmt noch mehr.“ Aber davon will Mama nichts hören.

Sie schließen sich dem nächsten Zug von Flüchtlingen an. Der eisige Wind hat gedreht, bläst jetzt aus Osten, also in ihren Rücken. Das ist günstig. Das Ziehen ist schwer. Aber Paul kann Schritt halten. Allerdings rutscht der Wagen auf der eisigen Wölbung der Straße immer wieder ab.

Vor ihnen geht eine fünfköpfige Familie, hinter ihnen drei alte Menschen, die sich gegenseitig stützen. Alte und Geschwächte halten immer wieder den Zug der Nachkommenden auf, werden beiseite- und oft auch in den Graben geschubst. Und das bedeutet unweigerlich den Tod. Eine alte Frau sitzt dort. Bald wird sie erfrieren, das wissen alle. Die Mutter will helfen. Paul zieht stur weiter, auch wenn er ein sehr schlechtes Gewissen hat. Wie können sie die alte Frau da sitzen lassen? Aber sie müssen an sich denken. Paul schaudert es.

Kleine weiße Hügel. Winzige Körper, Babys, Kinder unter dem Schnee. Aber auch große, in sich zusammengesunkene Gestalten, halb sitzend. Weiße Flocken decken alle sanft zu.

Paul hat zuvor nur einmal einen toten Menschen gesehen, das war die alte Frau Malzer. Sie hat friedlich dagelegen mit Blumen in den gefalteten Händen, mit einem weißen, stillen Gesicht, das alle Spannungen des Lebens hinter sich gelassen hatte. Ein kleines Kreuz hatte man ihr schräg zwischen die Finger geschoben. Ihr Gesicht war so still, dass man denken konnte: Es gefällt ihr, tot zu sein. Ein langes Leben hatte sie hinter sich gehabt.

Pauls Blick gleitet über den Straßenrand. Diese Toten sind anders. Einsam und verlassen liegen sie dort, preisgegeben dem Wind und der Kälte, ausgesetzt den Stiefeln, die über sie hinwegtrampeln. Paul erinnert sich an einen Satz, den er einmal irgendwo gelesen hat: *Dieser Tod hat seine Würde verloren.* Damals fand er den Satz lächerlich. Jetzt versteht er auf einmal, was damit gemeint ist. Ja, dieser Tod hat seine Würde verloren.

Es gibt auch Leute, die sich von den Toten Pelzmützen, dicke Schals oder Handschuhe „ausborgen". Die Mutter lächelt unwillkürlich, als sie einen Jungen beobachtet, der sich zu einem Toten herunterbeugt und entschuldigend erklärt: „Ich leih mir das mal. Du willst doch, dass ich weiterlebe. Oder?“

Paul rutscht, stemmt sich gegen das Eis. Er kann den Wagen gerade noch vor dem Umkippen bewahren. Dass er bloß nicht umstürzt. Oder die Achse bricht.

„Weiter“, flüstert Susa. Sie wechselt immer wieder die Koffer von der einen Hand in die andere. Paul denkt an das Loch in Susas Handschuh. Bestimmt hat seine Schwester schon Frostbeulen.

Mama zieht an Pauls Jacke, deutet in die Ferne. „Da ist ein Dorf. Ich glaube, wir sollten früh genug anfangen Quartier zu suchen.“

Paul nickt. Der Wind peitscht ihnen jetzt wieder ins Gesicht. Paul stemmt sich dagegen. Er kämpft und zieht. Sie müssen es schaffen!

Beim ersten Bauern ist schon alles voll. Der zweite macht erst gar nicht auf. Und so geht es weiter. Es scheint hoffnungslos, ein Quartier für die Nacht zu finden. Paul zieht zum nächsten Gehöft, das etwas abseits liegt. Der Zufahrtsweg ist frisch verschneit, aber der Wagen kommt durch. Die Bäuerin öffnet das Scheunentor. Sie dürfen ins warme Heu! Am Abend bekommen sie sogar heiße Milch. Und ein Stück Brot für den nächsten Tag.

So schaffen sie zwei Tage, drei Tage. Nicht immer sind die Quartiergeber so freundlich. Einige wehren ab, werden sogar aggressiv und verletzend.

„Wir wollen kein Pack hier.“ – „Bleibt, wo ihr herkommt!“

Paul beißt sich wieder die Lippen blutig. So wütend ist er. Aber sie müssen schlucken. Sie müssen durchkommen! Wie weit ist es noch bis Dresden?

Endlos zieht sich der Weg. Und die schmerzenden Füße sind es, die sich schließlich in Pauls Gedächtnis brennen. Seine rechte Schuhsohle ist abgerissen. Paul findet ein Paar neue Schuhe in der Ecke eines Schuppens. Er wirft die alten weg. Zu spät merkt er, dass die Sohle mit Nägeln gespickt ist. Und als er am Abend seine Socken auszieht, hat er nicht nur Löcher drin, sondern Blasen an Zehen und Ferse. Diesmal bekommt er sogar einen Tupfer Jod. Und am nächsten Morgen geht es weiter.

„Ist heute Mittwoch?", fragt Mama.

Susa zieht die Schultern hoch. Keiner weiß es mehr genau.

Zeit zählt nicht. Die Zeit ist wie eine dicke Wolke, grau und undurchsichtig.

Paul spannt sich wieder vor den Wagen. Die nägelgespickten Schuhe hat er mit Zeitungspapier ausgepolstert.

Und während die Kälte von außen angreift, beginnt der Hunger von innen zu nagen. Kälte und Hunger. In Scheunen und auf zugigen Dachböden wird man nachts kaum mehr warm. Paul krümmt sich auf dem dünnen Stroh, um wenigstens in der Mitte, am Bauch, ein warmes Nest zu haben. Es wäre praktischer, der warme, weiche Po wäre in der Mitte. Paul tastet nach seinem Hintern. Aber auch der Po fühlt sich eiskalt an. Paul kuschelt sich Rücken an Rücken an Susa. Da wird es ein bisschen wärmer. Er spürt, dass auch Susa zittert. Die Kälte beißt und ist gemein. Wie der Hunger. Aber Paul will nicht mehr an Essen denken. Er schlingt die Arme um seine angewinkelten Beine. Die Knie sind knochig und fremd. Die raue und erfrorene Haut an Händen und Handgelenken spannt. Paul rollt sich zusammen, schiebt Heu in den Nacken und vors Gesicht. Er hat die dünnste Decke. Die Frostluft zieht durch. Und irgendwann schläft er dann doch. Und wird wach vom beißenden Hunger, von der Kälte und von den Morgengeräuschen der anderen.

Aufstehen. Durchgefroren und müde. Sie schütteln das Heu aus den Kleidern.

Und der Magen wird kaum mehr gefüllt.

Der Hunger bohrt sich vom Bauch in den Kopf. „Weiter", sagt Mama. Sie kann inzwischen wieder auftreten. Und wenn Paul den Wagen nur mit den Koffern darin ziehen muss, ist es leichter.

„Wir schaffen das!" Mama hakt sich bei beiden Kindern ein.

„Wenn du nicht gewesen wärst, Paul." Mama verbindet Pauls wunde Füße.

„Was Papa wohl macht?", flüstert Paul. „Wenn wir wenigstens wüssten, dass er lebt."

Am nächsten Morgen ist Paul krank. Beim Aufstehen wird ihm schwarz vor Augen, er hustet, und alle Glieder tun ihm weh.

Paul hat eine schwere Erkältung und hohes Fieber. Er kann sich kaum auf den Beinen halten. An ein Weitergehen ist nicht zu denken. Doch sie haben Glück. Sie können noch bleiben. Da immer wieder Flüchtlinge nachkommen, ist das nicht selbstverständlich. Mama macht ihm Wadenwickel. Paul darf sogar zwei Nächte in der warmen Stube des Bauernhofs schlafen. Die Bauersleute sind gut. Paul erholt sich rasch. Auch Mama lächelt wieder. Susa badet ihre wehen Hände in warmem Wasser und kann sie anschließend mit einer Speckschwarte einreiben.

Außerdem erfahren sie, dass in einiger Entfernung eine Bahnstation ist. Ob dort jetzt auch Züge durchkommen, ist allerdings ungewiss. In normalen Zeiten geht zweimal täglich ein Zug nach Dresden. In normalen Zeiten ...

„Da müssen wir hin!" Paul ist wieder einigermaßen bei Kräften. Sie bedanken sich bei den Bauersleuten. Der Bauer erklärt ihnen den Weg. Den Wagen lassen sie gut versteckt hinter der Scheune, falls es mit dem Zug nicht klappt.

Wieder sind sie unterwegs, zu Fuß auf der verschneiten und eisglatten Landstraße. Diesmal jedoch beflügelt von einer vorsichtigen Hoffnung.

Nach zwei Stunden erreichen sie den kleinen Bahnhof.

Der Bahnsteig ist überfüllt. Aber es fahren Züge! Der erste Zug hält nicht, weil er schon vollgestopft ist mit Menschen. Im kleinen Warteraum ist kein Platz, und die Luft ist zum Schneiden. Sechs Stunden später hält ein Zug mit Viehwaggons. Alle zwängen sich in die zwei halb leeren Wagen. Paul gelingt es, eine Ecke für sie zu erobern, wo sie sich anlehnen können. Aber der Wind fährt durch die Ritzen.

Sie hocken auf dem Boden. Es ist dunkel, laut und kalt. Doch der Zug rollt. Sie kauen auf einer Zuckerrübe, die ihnen die Bäuerin noch zurechtgeschnitten hat.

Nach scheinbar endloser Fahrt hält der Zug. Sie können nichts sehen. Womöglich stehen sie wieder auf freier Strecke? Da schreit jemand: „Dresden! Wir sind da!"

Alle wollen gleichzeitig aufspringen, behindern sich gegenseitig in dem Gedränge. Ein Geschimpfe und Gezeter fängt an, und ein feindseliges Wort ergibt das andere.

Überall herrschen Hass und Furcht, denkt Paul. Der Krieg, die Flucht haben die Menschen zermürbt, haben die letzte Schicht Freundlichkeit und Mitgefühl von ihnen abgetragen. Aber das kann nicht mehr lange so weitergehen. Es muss bald vorbei sein. Er fühlt in der Tasche das Bella-Bild.

Paul wartet mit Mama und Susa. Sie steigen als Letzte aus. Paul nimmt die Koffer entgegen, stellt sie auf dem Bahnsteig ab. Er gibt Mama die Hand, sie klettert die hohen Trittbretter herunter. Endlich, nach mehrstündiger Fahrt, stehen sie am Neustädter Bahnhof in Dresden.

In Breslau kommen durch den von Gauleiter Hanke verzögerten Fluchtbefehl 40 000 bis 80 000 Einwohner der Stadt ums Leben.

Etwa 90 000 weitere Tote gibt es auf der Flucht in Richtung Westen schon in den ersten Wochen. Es sind vor allem Säuglinge, Kleinkinder und alte Menschen, die erfrieren oder wegen völliger Entkräftung sterben.

8

Auf dem Bahnhof herrscht Chaos. Lokomotiven stehen unter Dampf. Gedränge, Geschiebe. Alle rufen, fragen durcheinander: „Wohin fährt der Zug?“ Die Schilder mit den Zielorten sind schon lange nicht mehr in Funktion. „Wollen wir erst mal in die Bahnhofshalle?“, brüllt Paul. Die Mutter nickt. Nur hier raus, denkt er. Susa hält sich am Mantel der Mutter fest. Menschen sitzen ratlos auf ihrem Gepäck, stehen bei ihrem Gepäck, drängeln mit ihrem Gepäck. Berge von Gepäck auch mutterseelenallein. Dazwischen die Trillerpfeifen der Bahnbeamten. Aus den Lautsprechern Ansagen, von denen man kein Wort versteht. Soldaten in Uniform treiben einen Keil in die Menge. Die Menschen drängen noch enger zusammen. Weiter hinten, umstellt von SS-Männern und Wachhunden, eine Gruppe, die Paul nicht genau erkennen kann. Gestreifte Jacken. Werden da Gefangene aus Lagern verlegt? „Gut, dass wir so weit weg sind“, murmelt Paul und schaut zur Mutter zurück. Die hat hoffentlich nichts bemerkt.

SS
Abkürzung für: Schutzstaffel (nationalsozialistische Organisation, Hauptträger des nationalsozialistischen Terrors)

Sie schieben sich durch die Unterführung in die Bahnhofshalle. Da ist das Gedränge nicht ganz so schlimm, dafür sitzen dort dicht an dicht erschöpfte Flüchtlinge auf ihrem Gepäck, schlafen auf dem kalten Steinboden oder versorgen ihre weinenden Kinder.

Ob Tante Martha sie erwartet? Wie lange waren sie unterwegs?

Eine Woche? Zehn Tage?

Sie haben eine Postkarte an Tante Martha geschickt, aber keine Antwort bekommen. Tante Martha ist eine Tante des Vaters, also eigentlich ihre Großtante. Sonst ist Paul nicht gern zu ihr gefahren. Es ist langweilig bei ihr. Aber heute sind sie heilfroh, dass sie in Dresden eine

Adresse haben, wo sie bleiben können. Wenigstens für eine Nacht.

Ein Satzfetzen erreicht Pauls Ohr: „Breslau soll eingekreist sein." Paul durchzuckt es: Was ist mit Papa? Aber Papa hat ja versprochen, vorsichtig zu sein.

Da, ein plötzlicher, dumpfer Knall. Ein Schuss? Das Geräusch kommt von hinten aus der Unterführung. Ist einer der Gefangenen erschossen worden? Hat ein Sträfling versucht auszubrechen? Paul wendet den Kopf nicht.

„Weiter", sagt Mama. Paul schlängelt sich durch die Menge der in der Halle Kampierenden zum Ausgang, vergewissert sich immer wieder, dass Mama und Susa hinter ihm sind.

Auf dem Schlesischen Platz müssen sie sich ihre Straßenbahn suchen. Die ganze Stadt scheint ein einziges Flüchtlingslager zu sein. An allen Ecken und Enden sind notdürftig Zelte aufgeschlagen. Zwischen Planwagen, Pferdefuhrwerken und Bergen von Gepäck bahnen sie sich ihren Weg zur Haltestelle. Bis zu Tante Martha sind es nur drei Stationen. Notfalls könnten sie auch zu Fuß gehen, falls keine Straßenbahn fährt. Mama meint, sie würde den Weg schon finden.

Die Straßenbahn lässt lange auf sich warten, aber sie kommt.

Schließlich stehen sie vor Tante Marthas Tür. Sie klingeln einmal. Sie klingeln zweimal. Sie schauen sich an. Niemand macht auf. Sie klingeln noch einmal.

„Das kann doch nicht sein", sagt Mama. „Und was machen wir jetzt?" Sie klingeln wieder.

Da hören sie von drinnen eine schwache Stimme. „Ich komme", meint Paul zu verstehen.

Jemand schlurft zur Tür. Öffnet bis zum Anschlag der Sicherheitskette, schaut vorsichtig durch den Türspalt. Und dann, nachdem sie sie erkannt hat, steht Tante Martha vor ihnen. Im Nachthemd, blass, mit wirren Haaren. Schmal, rote Augen, Fieberaugen.

„Martha, was ist?"

„Krank", Martha schlurft schon zurück, lässt sich auf ihr Bett fallen, zieht die Bettdecke hoch.

„Hast du schon einen Arzt geholt?"

Martha schüttelt den Kopf. „Ärzte werden doch für die Verwundeten gebraucht, nicht für alte Weiber wie mich." Es ist noch der alte Martha-Humor.

„Trotzdem", meint die Mutter, „hast du einen Hausarzt? Praktiziert er noch?"

„Das weiß heute keiner. Heute gilt, was morgen nicht mehr ist." Tante Martha seufzt. Dann nickt sie wieder ein.

Auf dem Nachttisch liegt das Fieberthermometer. Es zeigt 40 °C. Der Atem rasselt.

Die Mutter zieht Paul und Susa in die Küche. Die alte Tante-Martha-Küche, denkt Paul. Aber wenigstens gibt es etwas zu essen: Brot, sogar einen Apfel. Ob sie sich den teilen dürfen? Paul schneidet den Apfel in vier Viertel. Für jeden eins. Er holt sich ein Glas Wasser. Susa reißt die Fenster auf. „Mensch, mieft das hier."

Die Mutter schließt die Fenster wieder. „Wir müssen erst sehen, ob Kohlen da sind." Eisblumen an den Scheiben. Susa haucht dagegen.

„Hoffentlich hat Tante Martha keine Lungenentzündung", sagt Mama. Sie läuft ins Bad und bereitet Wickel vor. Davon wird das Fieber sinken. Wadenwickel und Brustwickel. Sogar mit einem Rest Schmalz, den sie im Fettfach gefunden hat.

Und ohne lange zu überlegen bleiben sie da, zwei Nächte, noch eine Nacht. Sie können Tante Martha in diesem Zustand nicht allein lassen. Außerdem können sie in der Zwischenzeit ihre wunden Füße auskurieren.

Sie schreiben eine Postkarte an Onkel Karl in Einsiedel, auf der sie ihre Ankunft mitteilen. Auf einer zweiten Postkarte schreiben sie dem Vater:

Gut angekommen in Dresden nach langer Irrfahrt. Tante Martha krank. Uns geht es gut, wir warten, bis sie wieder auf den Beinen ist.

Auf jeder Postkarte steht unten ein gedruckter Spruch, den Paul am liebsten durchgestrichen hätte:

Der Führer kennt nur Kampf,
Arbeit und Sorge.
Wir wollen ihm den Teil abnehmen,
den wir ihm abnehmen können.

Susa und Paul stehen in einer langen Schlange vor einem Geschäft, um einzukaufen. Sie lösen die letzten Lebensmittelmarken ein. In Einsiedel werden sie neue bekommen.

Schon drei Tage sind sie in Dresden. Tante Martha erholt sich nur langsam. Allmählich geht das Fieber zurück, aber noch können und wollen sie sie nicht allein lassen. Doch was ist mit Papa? Die Frage geht Paul Tag und Nacht nicht aus dem Sinn. Mama und Susa wahrscheinlich auch nicht, obwohl sie nicht darüber sprechen. Wenn sie wenigstens ein Lebenszeichen von ihm hätten!

Eines Nachmittags macht Paul mit Mama einen Spaziergang in die Stadt. Es ist klar und sonnig. Die Luft ist wunderbar leicht. Als sie die Silhouette des Elbufers sehen, bleiben sie stehen. Es ist atemberaubend: die Türme, die riesige Kuppel der Frauenkirche ... Es scheint Paul noch schöner als vor zwei Jahren, als er mit Papa hier war. Die Semperoper mit der Panther-Quadriga. Der Schlossturm und das wunderbare Schloss. Die Hofkirche mit ihren Statuen und Balustraden. Das schwungvolle Kronentor und die Putten beim Blick in den Hof des Zwingers. Das alles ist schön, fast lächelnd heiter. Sie fahren mit der Straßenbahn nach Hause. Mama seufzt und meint: „Es versteht sich von selbst, dass Dresden nicht bombardiert wird. Vor einer solchen Schönheit hat sogar der Feind Respekt."

Balustrade *Geländer aus niedrigen Säulen*

Am Nachmittag kommt ein Brief des Vaters. Die Mutter reißt ihn mit zitternden Händen auf. Papa lebt! Das ist erst einmal die Hauptsache. Susa und Paul schauen Mama beim Lesen über die Schulter.

„Meine lieben drei!

Ich schicke diesen Brief zu Tante Martha, und eine Abschrift davon schicke ich zu Onkel Paul nach Einsiedel, weil ich ja immer noch nicht weiß, wo Ihr seid. Wie auch? Habt Ihr schon eine Postkarte an mich abgeschickt? Es wäre schön, von Euch zu hören. Denn das ist fast das Einzige, an was ich den ganzen Tag denken kann. Ich bin zu Anton H. nach Opperau umgezogen, sitze aber jetzt in unserer Wohnküche in der Bertholdstraße, während ich Euch schreibe. Hoffentlich seid Ihr inzwischen gut in Einsiedel angekommen. Über Breslau ist offensichtlich eine Postsperre verhängt. Ausgehende Post wird nicht erledigt, wogegen eingehende Post noch ausgetragen wird. Ich gebe den Brief aber Anton H. mit, der kommt hin und wieder aus Breslau heraus und kann ihn dann weiterbefördern. Ich warte sehnsüchtig auf Nachricht von Euch. Hoffentlich seid Ihr gesund und schon in Einsiedel. Manchmal denke ich, ich hätte Euch nicht fahren lassen sollen, aber das ist natürlich glatter Egoismus. Du, mein guter Paul, bist Du auch ein tapferer Kerl, wie Du es versprochen hast? Über das, was hier sonst noch geschieht, kann ich fast nicht berichten ... Jedenfalls machen wir uns auf allerhand gefasst. Susa, hältst Du auch zur Mutter? Der Russe ist jetzt weit bis vor

Breslau vorgestoßen. Wenn er noch weiterkommt, dann liegt eine Staatsgrenze zwischen uns, dann werden wir uns wahrscheinlich gedulden müssen, bis wir wieder zusammenkommen können.

Und schon am nächsten Tag kommt ein zweiter Brief.

E-Werk *Elektrizitätswerk*

Ihr Lieben, es soll wieder möglich sein, Briefe abzusenden. Ich will es versuchen, um Euch aus dem ersten Stock des E-Werkes dies und das zu berichten. Die Zeit ist furchtbar schwer und wir müssen allen Mut zusammennehmen, um zu bestehen. Wenn ich doch nur wüsste, dass Ihr Euch nicht unterkriegen lasst, vor allem, dass Ihr angekommen seid.

Börse *hier: Bauwerk in Breslau*

Ich gehöre im Augenblick zu einem Bau- und Störtrupp der Gas- und Wasserwerke. Wir hausen mit einigen Dutzend Leuten im Keller der alten Börse auf dem Blücherplatz, ein sehr tiefer Keller, der einigermaßen Schutz vor Bomben und Granaten bietet, auch die Verpflegung ist ausgezeichnet. Gekocht wird für uns alle von Frauen der Stadtwerke im ehemaligen Restaurant Kiesling. Im Vergleich zu vielen anderen ein hervorragender Zustand, aber für mich bedrückend. Breslau ist inzwischen ziemlich leer geworden. Die Flüchtlingskarawanen aus dem Osten sind weitergezogen. Überall stehen Kontrollposten. Militärstreifen patrouillieren durch die Straßen, um Plünderungen zu verhindern. Dennoch immer wieder Erschossene, Erhängte in den Straßen, grauenvolle Bilder. Auch Dr. Spielhagen ist tot, erschossen. Dabei war er nur drei Tage dienstlich nach Görlitz gefahren – allerdings ohne sich bei seinem Vorgesetzten abzumelden. So dachte man, er habe sich abgesetzt. Gestern früh lagen auf der Trebnitzer Straße sechs Soldaten in Uniform, erschossen. Und am Abend, als ich mit dem Fahrrad zu uns in die Bertholdstraße gefahren bin, stieß ich auf eine Gruppe durch Kopf-

schüsse getöteter Frauen. Keiner weiß, wer sie waren, was sie getan haben. Ihr seht, es geht mir auf der einen Seite relativ gut, auf der anderen Seite geschieht Grauenhaftes. Und die Angst. Wann erwischt es uns? Gerade marschiert eine Kolonne des Volkssturms unten vorbei, Männer zwischen fünfzig und siebzig, Spaten und Panzerfäuste geschultert. Sie werden letztes Bollwerk gegen die anrückenden Russenpanzer sein – glatter Selbstmord!

Volkssturm *Kampforganisation, die die Soldaten unterstützen sollte*

Die Mutter zittert. Wenn der Vater solche Briefe schreibt, das ist doch auch glatter Selbstmord. Fast alle Briefe gehen durch die Zensur. Schließlich beruhigt sie sich. Bestimmt hat er die Briefe einem Freund mitgegeben. Hat er das nicht auch geschrieben? Trotzdem. Er soll nicht so schreiben. Und wiederum: Sie will ja alles wissen.

Am nächsten Tag:

Ich sitze in einem Büroraum im Verwaltungsgebäude der städtischen Kasse und des Bauamtes am Blücherplatz und schreibe an Euch. Draußen kracht es fast ununterbrochen. Entweder es wird ein Haus gesprengt, dessen Schutt für Barrikaden Verwendung finden soll, oder es schlagen Granaten ein. In einer Anordnung war sogar zu lesen, alle Grabsteine sollten als Baumaterial für die ‚Festung Breslau' verwendet werden, alles was zur Verfügung steht, weil wir uns ja verteidigen müssen, mit Mann und Maus und bis zum letzten Geschoss. Der Russe steht schon so dicht vor Breslau, dass seine Geschütze die Stadt erreichen.

Paul drängt zum Aufbruch. Eigentlich wollten sie schon am Vortag fahren. Aber da kam die Schlange vor dem Lebensmittelgeschäft dazwischen. Sie schafften den Weg nicht mehr pünktlich bis zum Bahnhof. Zumal die Straßenbahn auch noch ausgefallen war.

Am 13. Februar 1945 schließlich, am späten Nachmittag, machen sie sich mit ihren Koffern endgültig auf den Weg. Die Fahrzeit bis Chemnitz beträgt normalerweise zwei Stunden, mit einem Aufenthalt in Freiberg. Werden die Züge wieder so voll sein?

Tante Martha bedankt sich noch einmal aus ganzem Herzen: „Ohne euch wäre ich nicht durchgekommen.“

„Pfleg dich gesund. Und komm nach, wenn es an der Zeit ist“, sagt die Mutter.

Tante Martha winkt energisch ab: „Die jungen Familien sind wichtiger. Für die bin ich Station. Danach überlege ich mir, was ich selber mache.“

9

Wieder stehen sie in Dresden auf dem Neustädter Bahnhof. Wieder das gleiche Bild: Flüchtlinge, wohin man schaut. Für Tausende Flüchtlinge aus dem Osten Deutschlands ist Dresden die erste Station, die Drehscheibe in den Westen. Auch für Paul, Mama und Susa.

Wieder das übliche Gedränge. Ein Junge mit einem Tornister rempelt Paul auf dem Bahnsteig an. Oder vielmehr: ein Tornister mit einem Jungen. So groß ist der Tornister und so klein der Junge. Seine Augen sind vor Schreck weit aufgerissen. Paul zwinkert ihm zu. Und wie von selbst sprudelt der Junge hervor: „Ich bin fünfzehn, muss nach Breslau, Front, Marschbefehl. Verteidigung von Breslau." Er sagt es mit vibrierender Stimme.

Der ist kaum älter als ich, denkt Paul. Gerade fünfzehn. Und ich werde bald vierzehn. Der Junge geht mit unsicheren Schritten weiter. Man kann seine Angst fast mit Händen greifen. Paul schaut ihm nach. Und erst jetzt fällt ihm ein, was er hätte sagen sollen.

„Hast du Angst?", hätte er ihn fragen müssen. Und der Junge hätte von seiner Angst gesprochen. Oder einfach nur „Ja" gesagt. Paul weiß, wie sich Angst ganz von innen anfühlt: klebrig, zäh. Fast zum Würgen.

„Alle haben Angst", hätte Paul daraufhin gesagt, „alle. Auch die größten Helden. Sie haben Schiss."

„Und warum sagen sie's dann nicht, die Helden?", hätte der Junge gefragt. Vielleicht mit Wut in der Stimme.

„Sie sprechen nicht davon, weil sonst ihr Heldentum zerbröckelt. Das Volk braucht die Helden, die tapferen Krieger. Dabei ist das nichts als Lüge." Das hätte den Jungen vielleicht getröstet. Wenigstens ein bisschen.

Paul drängt zu einem Zug, von dem er annimmt, dass er Chemnitz zum Ziel hat. Mutter und Susa hinter ihm. Gerade noch hat er Mamas Koffer in der Kniekehle gespürt. Er nimmt ihn ihr ab, damit sie sich besser bewegen kann. Da sieht er weiter vorne ein Abteil, das noch nicht ganz so voll zu sein scheint. Er ruft: „Ich geh schon mal vor", schaut sich um. Die Mutter lächelt, nickt. Paul schwingt sich hoch. Schwierig mit zwei Koffern. Doch dann ist er durch. Hurra, er hat einen Platz ergattert! Susa schubst ihren Koffer ins Abteil, klettert hinterher. Paul macht sich bereit, der Mutter beim Einsteigen zu helfen.

Aber wo bleibt Mama? Paul schaut sich um. Die Mutter ist nirgends zu sehen. Wenn er das Abteil verlässt, um sie zu suchen, wird dann Susa allein den Platz halten können? Seine Schwester sitzt zu seinen Füßen.

„Wo bleibt Mama?", fragt jetzt auch Susa, dem Weinen nahe. „Wenn du aussteigst, ist der Platz weg. Vielleicht kommst du noch nicht einmal mehr in unser Abteil."

Aber er muss sie doch suchen! Sie können doch nicht ohne Mama fahren. Paul will aufstehen, will aus dem Abteil. Da fährt der Zug an. Bleibt wieder stehen. Paul hängt sich aus dem Fenster. So kann er den Bahnsteig weit überblicken. Aber er sieht nur eine dicht gedrängte Masse von Menschen. Keine Spur von Mama.

Ist das überhaupt der Zug nach Chemnitz? Zweifel kommen hoch. Er muss Mama suchen. Und wenn er dann nicht mehr in den Zug kommt? Sein Herz klopft. Susa hat recht, er darf das Abteil nicht verlassen. Er zwängt sich zurück auf seinen Platz am Fenster. Da fängt auch schon ein Mann an zu schimpfen. Verdammter Nörgler. Der muss doch mitbekommen haben, dass sie ihre Mutter verloren haben. Kein Mitgefühl. Jeder denkt nur an sich und wie er am besten durchkommt. Paul seufzt. Er hat fast Bauchschmerzen. Sie können doch nicht. Sie müssen doch. Nein, es geht nicht. Und was ist, wenn? Seine Gedanken drehen sich im Kreis. Er springt wieder auf.

„Kannst du nicht mal Ruhe geben?“, meckert der Mann.

„Wir vermissen unsere Mutter“, erklärt Susa.

„Ach, die kommt schon. Die kümmert sich schon um sich, vielleicht ist sie froh, euch los zu sein.“ Der Alte grinst. Paul würde am liebsten laut schreien, aber er presst die Lippen zusammen.

Eine Frau protestiert: „Seien Sie doch still. Das ist doch gemein. Gemeines Geschwätz.“ Und zu Paul und Susa gewandt meint sie: „Bestimmt ist eure Mutter im nächsten oder übernächsten Abteil. Aber die kann auch nicht weg von ihrem Platz. Macht euch keine Sorgen.“ Und sie legt beruhigend ihre Hand auf Pauls Schulter.

Aber trotzdem ist Mama nicht da. Und wenn sie gestürzt und unter den Zug gerutscht ist? Paul hätte aufpassen müssen. Er kämpft mit den Tränen. Möglichst unauffällig wischt er sie mit dem Handrücken ab. Der Mann grinst ihn hämisch an. Fehlt nur noch, dass er sagt: Ein Junge weint nicht. Ein Junge muss hart sein wie Kruppstahl.

Sie warten, warten. Eine Mutter legt ihren Kleinen ins Gepäcknetz hinauf. Rückt die Koffer ein bisschen zur Seite. Eine ältere Frau schimpft: „Dort liegt mein Koffer.“ Da nimmt Paul seinen Rucksack aus dem Gepäcknetz. Den hat er jetzt auf dem Schoß. Legen Sie Ihren Kleinen dahin, lächelt er der Mutter des Kindes zu. Die andere meckert weiter. Seien Sie doch still, will Paul sagen. Aber Susa drückt seine Hand.

Paul will aussteigen, nach Mama suchen. Susa hält ihn fest: „Es hat keinen Zweck.“ Susa kann das besser, denkt Paul. Die sagt sich einfach: Wir finden sie schon. Und so wird sie leichter damit fertig.

„Sobald der Zug fährt, hangle ich mich außen auf den Trittbrettern entlang. In einem der nächsten Abteile muss sie doch sein", flüstert er. Wenn sie überhaupt im Zug ist, denkt er. Aber das spricht er nicht aus.

Auf einmal nimmt Susa seine Hand und sagt: „Bruderherz, wie froh ich bin, dass wenigstens wir zwei zusammen sind."

Der Zug fährt noch immer nicht ab. Sie warten und warten. Die Lokomotive scheint schon unter Dampf zu stehen. Draußen lautes Rufen.

Da könnte ich doch eben raus, denkt Paul und will wieder hoch. Susa hält ihn zurück. „Nicht", flüstert sie. „Es hat keinen Zweck. Wir müssen uns einfach darauf verlassen, dass Mama im Zug ist." Susa hat auch Tränen in den Augen. Trotzdem behält sie klaren Kopf. Paul spürt, wie stark seine Schwester ist.

Plötzlich geht ein Ruck durch den ganzen Zug. Es knallt und scheppert. Ein alter Mann schreit. Die Puffer der Waggons stoßen noch einmal aufeinander. Ein höllischer Lärm.

Der alte Mann springt auf: „Jetzt schießen sie wieder. Mein armer Pele. Warum haben sie dich erschossen?" Er ruft es laut durch den ganzen Waggon. Dann lässt er sich wieder auf seinen Sitz fallen, wischt sich über die Augen. „Jetzt ist er tot. Er war mein Pele."

„Der ist doch plemplem", flüstert jemand.

Ein Mädchen tippt sich an die Stirn, sie will auch zeigen, wie doof der ist. Paul zischt, dass sie still sein sollen.

Eine Stimme aus dem Hintergrund murmelt monoton: „Seelische Krankheiten sind Schwäche, sie zersetzen unseren gesunden Volkskörper. Alles Kranke und Schwache gehört ausgerottet."

Daraufhin mischt sich eine Frau ein, die bis jetzt noch nichts gesagt hat. So, als hätte sie nur auf dieses Stichwort gewartet. „Können Sie mir bitte mal den gesunden Volkskörper zeigen?", braust sie auf. „Gibt's den noch bei diesem heillosen Durcheinander? Alles hohle Phrasen." Die Frau lacht rau und bitter. „Oder arbeiten Sie vielleicht fürs Propagandaministerium?" Da lachen einige. Doch die Atmosphäre im Abteil bleibt angespannt.

Wieder ein Ruck. Der Zug setzt sich in Bewegung. Paul weiß nicht, ob er erschrocken oder erleichtert sein soll. Später will er bei einem Halt versuchen, über das durchgehende Trittbrett von außen in die Nachbarabteile zu schauen. Paul sieht sich in ihrem bis auf den letzten Stehplatz überfüllten Abteil um und bezweifelt, dass er dabei Erfolg haben wird. Wann und wo werden sie Mama wiedersehen? Erst in Chemnitz? Oder vielleicht erst in Einsiedel? Oder ist sie noch auf dem Bahnsteig in Dresden? Die Gedanken kreisen. Da gibt Susa ihm die Hand. Sie zwinkern sich zu.

Der Zug rollt. Da hält Paul es plötzlich nicht mehr aus. Bevor ihn jemand daran hindern kann, schiebt er das Fenster auf, klettert von seinem Platz hinaus, lässt sich aufs Trittbrett hinunter und hangelt sich draußen an der Haltestange entlang. Er will wenigstens in die nächsten Abteile schauen. Doch er erkennt kaum etwas, starrt durch die von innen beschlagenen Fensterscheiben. Eine Frau kurbelt die Scheibe herunter: „Um Gottes willen, komm herein!", ruft sie entsetzt, gegen den lauten Protest der Mitreisenden.

„Haben Sie denn gar kein Erbarmen?"

„Jeder ist sich selbst der Nächste", antwortet eine harte, kalte Stimme.

„So weit sind wir gekommen!"

„Ich such nur meine Mutter", erklärt Paul. Er kann jetzt fast alle Personen im Abteil erkennen. Aber Mama ist nicht unter ihnen. Das Gekeife könnte er ja noch ertragen.

Wenn sie nur da wäre! Er hangelt sich weiter. Der Fahrtwind pfeift.

„Komm zurück!“, schreit Susa. „Bist du wahnsinnig!“ Sie hat sich aus dem Fenster gelehnt.

Er findet Mama nicht, turnt wie ein Kletteraffe zurück in sein Abteil. Ein erregtes Geschimpfe und Gezeter empfängt ihn. Er lässt sich wortlos auf seinen Platz fallen. Susa schaut ihn fragend an. Paul schüttelt den Kopf.

„Einsiedel, Hauptstraße 108“, flüstert Susa, wie zu ihrer eigenen Beruhigung. Alles andere wird sich finden.

Paul antwortet nicht, er nickt nur. Draußen ist inzwischen dunkle Nacht. Der Schnee reflektiert das blasse Mondlicht. Im Abteil ist Ruhe eingekehrt. Die gereizte Stimmung ist einer schläfrigen, resignierten Stille gewichen.

Plötzlich, eine knappe halbe Stunde hinter Dresden, hält der Zug auf freier Strecke. Paul versucht, etwas zu erkennen. Die Strecke ist ihm vertraut, weil er hier oft mit Mama oder mit der Familie zu Oma gefahren ist. Aber es ist zu dunkel.

Nach einer weiteren halben Stunde bewegt sich der Zug schleppend wieder vorwärts, ganz langsam, so als wäre ihm die Last zu groß. Im Schneckentempo fährt er in den nächsten Bahnhof ein, in dem sonst nur Bummelzüge halten. Der Zug rollt ein Stück zurück, dann wieder vorwärts und wird schließlich auf einem Nebengleis abgestellt.

Ein dunkel gekleideter Rangierer steigt auf die Puffer zwischen ihrem und dem vorderen Waggon. Sie sehen, wie der Mann die Kupplung löst und auf der anderen Seite wieder zu den Gleisen hinunterspringt. Ein Pfiff, und der vordere Teil des Zuges mit der Lokomotive setzt sich in Bewegung und verschwindet aus dem Bahnhof.

Die restlichen Waggons, ihrer und vier weitere, bleiben auf dem Gleis zurück. Die Reisenden sind wütend, verlangen Auskunft. Die Lok sei defekt und könne die gesamte Last nicht mehr bewältigen, es werde über Funk versucht, den Frühzug aus Dresden hier anzuhalten und die Wagen an diesen anzuhängen. Das werde voraussichtlich gegen sechs Uhr früh sein. Jetzt ist es kurz nach 20.00 Uhr, also zehn Stunden Aufenthalt in bitterer Kälte. An eine Ersatzlok ist nicht zu denken. Der notdürftig geheizte Warteraum des Lokalbahnhofs ist viel zu klein und eng. Mütter mit Kleinkindern kommen zuerst. Der Raum platzt aus allen Nähten und die Luft dort ist zum Schneiden. Wenn sie wenigstens schon in Freiberg wären, dessen Bahnhof größer und besser ausgestattet ist!

Paul und Susa beschließen, so lange im Waggon zu bleiben, bis es ihnen zu kalt wird. Paul nützt die Gelegenheit, noch einmal Abteil für Abteil nach einem Zeichen von Mama abzusuchen. Vergebens. Ob sie vielleicht im vorderen Zugteil war? Ob sie gemerkt hat, dass die hinteren Wagen abgehängt worden sind? Womöglich wird sie erst in Chemnitz feststellen, dass sie dort allein angekommen ist. Falls überhaupt ...

Bleibt also nur: Treffpunkt Einsiedel! Und die Hoffnung, dass doch noch alles gut wird. Susa drückt noch einmal Pauls Hand. Gut, dass wenigstens sie beisammen sind.

Gegen Mitternacht werden sie durch Sirenengeheul aus einem leichten Schlaf geweckt.

Es ist nur ein Voralarm, dem aber sofort der Vollalarm folgt. Normalerweise sind in einem solchen Fall die Feindflugzeuge noch etwa hundert Kilometer entfernt. Die Leute im Warteraum und in den Abteilen strömen nach draußen auf der Suche nach einem Luftschutzkeller. Susa und Paul bleiben wie gelähmt sitzen. Zusammen mit der Frau, die während der Fahrt so offen ihre Meinung gesagt hat. Die Frau deutet nach draußen. „Weihnachtsbäume“, murmelt sie und zeigt auf die Leuchtbomben, die das Ziel markieren. „Gnade uns Gott!"

Plötzlich ohrenbetäubender Lärm. Bomber im Anflug. Massen von Bombern. Paul wirft sich auf den Boden, Susa mit sich ziehend. Die Luft dröhnt, der Boden vibriert. Mit einem vielstimmigen Kreischen fallen die ersten Sprengbomben. Die darauf folgenden Detonationen zerfetzen Paul trotz der Entfernung fast das Trommelfell. Er presst die Hände auf seine Ohren. Die Fensterscheiben im Zug vibrieren. Ununterbrochen neue Einschläge. Mal in der Ferne, mal näher. Die Frau schreit auf. Plötzlich eine Riesenexplosion. Alle liegen auf dem Boden, einer über dem anderen. Schweigen. Warten. Schweigen. Und abermals eine riesige Detonationswelle. Der Luftdruck sprengt eine Scheibe. Dann ist es eine Weile still. Unheimlich still.

Paul weiß nicht, wie lange sie schon so liegen. Er bewegt sich, will aufstehen, liegt aber unten. Er hebt seinen Kopf. „Bitte", flüstert er. Die Frau über ihm klammert sich immer noch an seine Jacke. „Ich möchte raus." Die Frau zieht sich hoch. Susa richtet sich auch wieder auf.

Und dann, plötzlich, sehen sie es.

Nein, es muss eine Sinnestäuschung sein. Ein heller Feuerschein steht am Himmel. Gleichzeitig gellt eine Stimme aus dem Stationsgebäude: „Dresden brennt!"

Das kann nicht sein. Dresden brennt? Dresden war doch unangreifbar.

Und wenn Mama dort ist?

Die Vibrationen wiederholen sich in Wellen, der Feuerschein am Himmel wächst und wächst. Nun hören sie das Brummen neuer Flugzeuge. Brandbomben fallen wie Regen. Ein Flammeninferno zuckt hoch. Es ist taghell. Dazwischen Streifen von Dunkel und Funkenregen. Lichtblitze zucken.

Rot und orange der Himmel. Glut. Blitze. Riesige Feuerballons wippen am Horizont auf und nieder. Als wäre es ein Spiel mit glühenden Bällen. Paul starrt hinaus. Dresden. Mama. Tante Martha. Das ist alles nicht wahr. Er schließt die Augen.

Erneut Flieger im Anflug. Erneut Leuchtbomben, Lichtzeichen, Farbwellen. Erneuter Funkenregen, Ruß- und Brandgeruch. Ein tödliches Feuerwerk. Die Häuser, das Schloss, die Frauenkirche, das Elbufer: Ob das alles zerstört wird?

Und Mama. Wo ist Mama?

Und Tante Martha! Ist ihr Haus getroffen?

Wenn Mama wirklich nicht mitgekommen, wenn sie in Dresden geblieben ist! Panik und Angst. Paul starrt mit weit aufgerissenen Augen in den rot glühenden Nachthimmel. Es könnte fast schön sein. Und so hell, als sei Tag. Der schöne, grausame Tod. Ohrenbetäubender Lärm abziehender Flugzeuge. Wie viele Bomber mögen das sein? Paul presst seine Nase an die Scheibe. Das Lichterspiel draußen verebbt. Aber der Himmel über Dresden leuchtet noch rot.

Gegen Morgen dämmert Paul kurz ein.

Da ruft jemand: „Der Sechs-Uhr-Zug kommt!“ Es ist allerdings nicht der planmäßige Zug von Dresden. Der Hauptbahnhof der Stadt wurde in dem Feuersturm zerstört. Doch irgendwie ist es gelungen, vom Verschiebebahnhof des Neustädter Bahnhofs einen Ersatzzug einzusetzen, der Arbeiter nach Chemnitz bringt. Ein Wunder bei diesem Chaos. Ihre liegen gebliebenen Waggons werden angehängt.

Jeder versucht, wieder seinen alten Platz zu ergattern. Paul und Susa helfen der Frau mit dem Baby herein, und bald liegt das Kind wieder oben im Gepäcknetz. Der Zug fährt, und das Inferno rückt in immer weitere Ferne. Und zum ersten Mal empfindet Paul es als ein großes Glück,

Verwandte zu haben, bei denen sie ankommen und vielleicht bleiben können. Sie haben ein Ziel. Das ist schon viel in einer solchen Zeit. Und Mama wird da sein. Bestimmt.

Hinter Freiberg wird Paul aus seinen Gedanken gerissen. Auf der anderen Seite des Abteils sagt eine laute Jungenstimme: „Du bist doch der Polack, den ich vom Neustädter Bahnhof kenne. He, Untermenschen sind hier nicht erlaubt. Wann kapierst du das endlich?“

Paul erhebt sich, reckt den Hals. Er sieht einen Jungen, der vor einem anderen, etwas größeren mit dunklem Haar steht. Der Kleinere ist der mit der großen Klappe. Der war vor Freiberg nicht im Abteil.

„Wo haste eigentlich deine Sträflingskleidung, Polack? Haste dir das hier geklaut?“ Er zieht am Mantel des anderen. „He, antworte uns. Wir schmeißen dich gleich aus dem Fenster.“

Da sieht Paul einen zweiten, der vorher auch noch nicht hier war. Die machen das zu zweit. Klar, allein packen die das nicht. Dresden brennt, alle sind auf der Flucht, und die beiden führen sich immer noch auf wie die Herren der Welt.

„Der redet nicht, der ist einfach zu blöd.“ Der zweite nimmt seine Taschenlampe und leuchtet dem dunkelhaarigen Jungen ins Gesicht.

„He, Polack, pass auf, wir kippen dich aus dem Fenster. Du hast hier nichts zu suchen. Ariern die Plätze wegzunehmen!“

Arier *Bezeichnung für einen Angehörigen der arischen Rasse*

Da springt Paul hoch und schreit: „Halt!“

Die beiden drehen sich um. „Verräter!“, pressen sie zwischen den Zähnen hervor und ballen die Fäuste.

„Schluss jetzt!“, ruft die Frau, die sich auch gestern schon eingemischt hat, mit Donnerstimme. „Lasst den Jungen sofort in Ruhe. Er kann genauso hier sitzen wie wir.“

Die beiden Großmäuler sagen nichts mehr. Weiter reicht ihr Mut nicht. Sie haben wohl auch den stummen Widerstand im Abteil gespürt. Den konnte man auf den Gesichtern lesen. Paul nickt dem dunkelhaarigen Jungen aufmunternd zu.

Nur eine andere bekannte Stimme aus dem Hintergrund murmelt: „Verräter. Jawohl. Sie sind es, die die großen Ideen unseres Führers aufweichen ..."

Paul starrt in den langsam heller werdenden Morgenhimmel.

In der Nacht vom 13. auf den 14. Februar 1945 starten britische Bomberverbände einen Sturmangriff auf Dresden. Zu diesem Zeitpunkt halten sich neben den 630 000 Einwohnern der Stadt noch etwa 500 000 schlesische Flüchtlinge hier auf.

800 Flugzeuge werfen in zwei Angriffswellen 400 000 Brand- und 4500 Sprengbomben fächerförmig auf die Stadt. Ein Flächenbrand bricht los.

Die Stadt wird zu einem Glutofen, es gibt Temperaturen bis zu 800 Grad. Mehr als 25 000 Menschen finden den Tod, ersticken, verglühen oder verbrennen. Dresdens historisch gewachsene Altstadt wird vollständig zerstört.

10

Plötzlich springt Paul auf. „Chemnitz!“, ruft er. Er erkennt die Umgebung. Sie sind fast am Ziel.

Susa zupft ihn am Ärmel. „Weißt du, wohin wir müssen?“

„Zu Onkel Karl und Oma“, sagt Paul, „nach Einsiedel.“

Sie lachen. Es ist wohl die Spannung, die sich löst. Susa erklärt kichernd: „Da suche ich dir in Onkel Karls Trikotagenfabrik eine große, graue, unförmige Unterhose aus.“

Paul meint, dass ihr die dicken, lachsfarbenen Unterröcke sicher auch sehr gut stehen würden. Dafür bekommt er von seiner Schwester postwendend einen Pferdekuss.

Pferdekuss *Prellung, meist am Oberschenkel*

„Jetzt mal im Ernst“, sagt Susa, „ich meinte nicht so sehr, wohin wir müssen, sondern wie wir jetzt nach Einsiedel kommen.“

„Lass uns das in Ruhe überlegen“, entgegnet Paul.

Der Zug hält. Alle drängen hinaus. Susa bleibt mit dem gesamten Gepäck am Rand des Bahnsteigs stehen. Paul will unbedingt nach der Mutter suchen, falls sie doch mit dem ersten Zug hier angekommen ist. Er schaut in der Halle nach, im Warteraum, bei den Toiletten. Keine Spur von Mama. Schließlich setzen sie sich trotz der schneidenden Kälte für einen Augenblick auf eine Bank. Paul zieht eine Postkarte heraus, auf der eine Fabrik abgebildet ist, davor ein Wohnhaus. Das Fabrikgebäude wirkt größer und imposanter, als es in Wirklichkeit ist. Darunter steht: *Karl Marschner, Trikotagenfabrik, Einsiedel, Bezirk Chemnitz*.

„Dahin gehen wir“, sagt Paul ruhig. Beide waren schon öfter in den Ferien hier, bei Oma.

„Gehen?“, fragt Susa gedehnt. „Wie weit ist es denn von hier?“

Paul denkt nach. Er erinnert sich, dass Mama einmal von fünfzehn Kilometern gesprochen hat. Zweifelnd schaut er auf seine zwei Koffer, die Rucksäcke und den Koffer von Susa hinunter. Zwar wäre es nicht das erste Mal, dass sie sich samt ihrem Gepäck bei Eis und Schnee zu Fuß auf den Weg machen. Doch jetzt verlässt ihn der Mut. Geld für Fahrkarten oder Lebensmittelkarten für ein Stück Brot haben sie auch nicht. Mama hat dummerweise die Fahrkarten nur bis Chemnitz gelöst.

„Lass uns erst mal in die Halle gehen, mir wird kalt", sagt Susa.

In der zugigen, ungemütlichen Bahnhofshalle überrascht sie der auf- und abschwellende Ton der Alarmsirenen.

„Hört denn der verdammte Krieg immer noch nicht auf?" Einen neuerlichen Bombenalarm hätte nach dem verheerenden Angriff auf Dresden keiner erwartet.

Wieder einmal quer durch die Bahnhofshalle, mit Sack und Pack zum Luftschutzbunker! Sie suchen sich einen Platz auf den harten Holzbänken. Der Raum füllt sich schnell bis auf den letzten Stehplatz. Vor ihnen steht ein älterer Mann mit Vollbart und im Arbeitsanzug. Der Mann bittet sie in breitem Sächsisch, sich auf einen ihrer Koffer setzen zu dürfen. Paul bietet ihm seinen Platz an und setzt sich selbst auf einen der Koffer.

„Von wo kommt ihr eigentlich?", fragt der Mann mit dem Vollbart. Susa erzählt, Paul ergänzt. Thema Nummer eins ist natürlich der Angriff auf Dresden. Einige wissen etwas mehr aus dem Radio. Alle reden durcheinander. Aus dem Stimmengewirr entnehmen Paul und Susa, dass Dresden in Schutt und Asche liegt, dass mehrere Zehntausend Menschen umgekommen und noch viel mehr obdachlos geworden sind.

„Und wenn Mama noch dort war?“, flüstert Susa bedrückt.

„Wir haben nämlich auf dem Bahnhof in Dresden unsere Mutter verloren“, fügt Paul erklärend hinzu.

„Und was habt ihr jetzt vor?“, fragt der Bärtige teilnahmsvoll.

„Wir müssen zu unseren Verwandten nach Einsiedel.“

Der Mann zögert einen Moment, dann sagt er: „Ich bin Auslieferungsfahrer der Brauerei in Einsiedel und fahre sofort nach der Entwarnung zurück. Wenn ihr wollt, nehme ich euch mit.“

Ein Strahlen geht über die Gesichter der beiden. „Sie nehmen uns wirklich mit?“

Der Bärtige nickt.

Der einförmige Heulton der Entwarnung entlässt sie in den klaren Wintermorgen. Kein Flugzeug hat sich blicken lassen – ein schöner Tagesbeginn, wenn man nicht an Mama denkt.

Und wo Papa ist, wissen sie genauso wenig.

Der Bärtige nimmt Paul einen Koffer ab und führt sie zu seinem kleinen Lastwagen hinter dem Bahnhof. Er verscheucht zwei Kinder, die sich auf Zehenspitzen von den Trittbrettern hochrecken und ihre Nasen an den Scheiben platt drücken. Mit Blick auf den Holzkohlenvergaser auf der Ladefläche hinter dem Führerhaus meint er: „Wird ja wohl noch bis Einsiedel reichen, dann muss ich nachladen.“ Er wuchtet die Koffer über die Seitenplanke vor die leeren Bierfässer. Paul und Susa schieben sich neben den Fahrersitz auf die lange Bank des Führerhauses. Der startende Motor klingt nicht gerade Vertrauen erweckend, aber der Fahrer beruhigt sie: „Ist Baujahr 1934, hat schon eine halbe Million Kilometer auf'm Buckel, läuft nur etwas laut und rau seit der Umstellung auf Holzkohlengas.“

Holzkohlenvergaser *Gerät, mithilfe dessen man aus Holz ein brennbares Gas gewinnen kann (z. B. zur Betreibung von Kraftfahrzeugen)*

Während er das sagt, fahren sie schon auf den spiegelglatten Straßen durch Chemnitz. Es stellt sich heraus, dass der Mann ihren Onkel Karl aus den NSDAP-Versammlungen kennt. So ist bald eine gewisse Vertrautheit hergestellt, obwohl Paul die NSDAP-Zugehörigkeit gar nicht schmeckt, aber er hält den Mund.

NSDAP *Nationalsozialistische Deutsche Arbeiterpartei*

Bevor sie ins Zwönitztal und weiter nach Erfenschlag kommen, flucht der Fahrer laut und deutet durch die Windschutzscheibe nach vorn. „Polizeikontrolle", knurrt er. „Dass die es immer noch nicht lassen können. Wir haben doch verdammt andere Sorgen. Die waren schon auf dem Hinweg hier. Bin gespannt, ob die mich nochmal kontrollieren! Habt ihr gültige Ausweise?"

Als sie nicken, sind sie schon bei den Polizisten. „Schichtwechsel", stellt der Bärtige zufrieden fest, „aber zu meinen Gunsten, der Hauptwachtmeister ist mein Cousin."

Der steckt den Kopf zum Fenster herein und fragt: „Wer sind die beiden, Franz?"

„Flüchtlinge aus Breslau, in Dresden von der Mutter getrennt. Wollen nach Einsiedel zum Parteigenossen Marschner." Ohne einen Blick in die hingestreckten Ausweise von Paul und Susa zu werfen, tippt der Wachtmeister an seine Mütze, ruft seinen Leuten ein „In Ordnung" zu, und sie können weiterfahren. Schnell, soweit es die glatte Straße erlaubt, erreichen sie entlang der Zwönitz den Ort Erfenschlag und kurz darauf Einsiedel. Der bärtige Franz fährt sie bis an ihr Ziel, Hauptstraße 108, wo sie nun mit ihren Koffern vor dem Haus der Großmutter stehen, hinter dem das kleine Fabrikgebäude von Onkel Karl zu sehen ist.

Als sie nun durch den Schnee zum seitlichen Eingang des Vorderhauses stapfen, wird Paul klamm ums Herz. Oma wird es ihnen übel nehmen, dass Mama nicht dabei ist. Aber sie können doch nichts dafür! Und trotzdem: Paul hätte aufpassen müssen. Das schlechte Gewissen macht sich in ihm breit. Und die Angst. Mit zitternden Fingern drückt er die Klinke herunter. Susa klingelt beim oberen der drei Namensschilder. „Hallo!“, ruft Paul ins Treppenhaus. „Hallo! Wir sind’s.“

Da öffnet sich oben eine Tür und jemand stürzt die Treppe herunter. Mama! Sie schließt Paul und Susa in die Arme. „Endlich! Ihr habt’s geschafft. Mensch, bin ich froh.“ Mamas Haare sind noch nicht gekämmt. Jetzt kommt auch Oma, etwas langsamer, die Treppe herunter. Mit Tränen in den Augen heißt sie ihre beiden Enkel willkommen.

Oma war gerade dabei, ein spätes Frühstück vorzubereiten. „Dann muss ich ja wohl zwei Teller dazustellen“, meint sie, gleichzeitig lachend und weinend.

„Jetzt kann ich endlich wieder atmen“, sagt Mama. „Ich habe die ganze Nacht wach gelegen und immer nur gedacht: Was ist passiert? Wie ist es passiert? Wo ist es passiert? Ich konnte mir einfach keinen Reim drauf machen, denn in Dresden war ich nur einen Waggon weiter nach vorn gedrängt worden und schließlich eingestiegen, weil mir nichts anderes übrig blieb. Erst in Chemnitz habe ich gemerkt, dass der Zug kürzer geworden war.“

„Jetzt haben wir uns ja wieder“, sagt Susa und legt ihren Arm um Mama, und Paul legt seine beiden Arme um Mama und Susa.

Doch Mama ist mit ihrer Schilderung noch nicht am Ende. „Aufgeklärt hat mich der Stationsvorsteher. Und als ich dann vom ganzen Ausmaß der Katastrophe in Dresden erfahren habe, war meine Unruhe riesig. Bis dahin war ich einigermaßen sicher gewesen, weil ich euch ja in Dresden hatte einsteigen sehen. Aber jetzt war alles wie weggeblasen. Womöglich seid ihr wieder ausgestiegen, nachdem wir getrennt worden waren? Womöglich seid ihr in Dresden geblieben? Womöglich ..."

„So zitternd ist sie hier angekommen", erklärt Oma und wischt sich wieder über die Augen.

„Und trotzdem", fährt Mama jetzt ruhiger fort, „wir hatten Einsiedel als Treffpunkt ausgemacht. Wo sollte ich auch sonst in der Kälte und in dem Gedränge auf euch warten? Allerdings hatte ich nicht bedacht, dass euch das Geld für die Fahrkarten nach Einsiedel fehlte. Ihr habt euch gut durchgeschlagen, ich bin stolz auf euch!"

Das zerstörte Dresden, 1945

11

In Einsiedel ist nicht wirklich Krieg. Der Krieg findet nur in den Köpfen, in den Zeitungen und in den Wehrmachtsberichten im Rundfunk statt. Und vor den Wehrmachtsberichten hocken sie jeden Abend bei der Nachbarin. Oder drüben bei Onkel Karl und Tante Hilde, die im Gebäude der Fabrik wohnen. Onkel Karl redet nicht viel. Paul würde ihn manchmal gern etwas fragen, sich einen Rat von ihm holen. Aber er findet nicht die richtigen Worte, und der Onkel ermutigt ihn auch nicht.

Papa fehlt ihm so sehr, dass es weh tut. Wo ist er? Wie steht es wirklich mit dem Krieg? Wo sind die Russen? Wo die Briten und Amerikaner?

Die Oma hat kein Radio. Noch nicht mal einen Volksempfänger. Sie hatte sich geweigert: „Soll ich mir das Geschrei von diesem Hitler bis in die Küche holen? Der fummelt schon so genug in meinem Leben herum."

In den Wehrmachtsberichten ist immer noch vom Sieg – vom Endsieg – die Rede. Viele zweifeln inzwischen daran, obwohl der Krieg gar nicht hier ist. Der Krieg ist draußen, der Krieg geht bis Chemnitz, aber nicht bis Einsiedel. Das sind nur fünfzehn Kilometer. „Hoffentlich bleiben wir verschont", murmelt die Oma.

Und doch hat der Krieg schon einmal hereingeschaut, vor einem Jahr, als Hans, der Sohn von Onkel Karl, als Jagdflieger am Boden zerschellte, abgeschossen im Luftkampf mit den Engländern. Mama war mit Paul zur Beerdigung nach Einsiedel gefahren. Gefallen für Führer und Vaterland, sagte man am Grab.

Onkel Karl hat die Waschküche seines Fabrikgebäudes als Luftschutzraum eingerichtet, in dem bei Alarm auch die Bewohner des Vorderhauses Platz finden, neben Oma noch zwei weitere Parteien. Das Fabrikgebäude wird von einer hohen, steilen Felswand überragt, die sowohl ausreichend Schutz gegen Bomben und Granaten als auch gegen die bei Bombenexplosionen entstehenden Druckwellen bietet. Nur eine festere Tür musste auf Anordnung des Luftschutzwarts eingebaut werden. In diesen Raum müssen sie, wenn nachts die Sirenen heulen. Doch wahrscheinlich sind sie hier in Einsiedel sicher, weit weg von Einflugschneisen, wo zufällig mal eine Bombe ausgeklinkt würde.

Paul streckt sich auf dem Bett aus, das als Einziges in Omas kleiner, ungeheizter Dachkammer, mit Dachschräge und winzigen Klappfenstern, steht. Für Susa wärmt Oma gerade Wasser auf dem Herd, damit sie sich in der Zinkbadewanne, die sie in die Küche holen, waschen kann. „Mensch, ist das schön, dass wir hier sind!“ Susa mag ihre Oma. Die ist ein bisschen wie sie: eigensinnig, bockig. Weiß aber auch, was sie will.

„Ich werde heute zur NSV gehen“ – das ist die Nationalsozialistische Volkswohlfahrt – „und Strohsäcke beantragen“, sagt Mama. „Dann können zwei auf dem Boden schlafen und einer hat ein richtiges Bett, das ordentlich quietscht. Und dann braucht keiner auf dem geschwungenen Sofa zu schlafen“, fügt Mama hinzu. O ja, Paul kennt den krummen Rücken am Morgen!

„Außerdem werde ich uns anmelden. Vielleicht müsst ihr auch zur Schule“, sagt sie zu Paul und Susa.

„Und Lebensmittelmarken braucht ihr“, sagt Oma. „Die bekommst du nur, wenn du angemeldet bist.“

„Natürlich müsst ihr zur Schule. Aber das wird sich regeln“, sagt Mama, mehr zu sich selbst. Ob sie sich damit beruhigt? Indem sie sich einfach wieder in ein Alltagsmuster hineinstrickt? Paul ist ein bisschen sauer auf sie. Warum gönnt sie ihnen jetzt nicht wenigstens eine kleine Auszeit?

„Erst mal eine Stunde schlafen“, sagt er.

Mama nickt. Nun, nachdem die Spannung von ihnen abgefallen ist, sind sie alle todmüde.

Die Oma hat noch einen schütteren Strohsack, den legen sie für Susa auf den Boden. Paul, fürs Erste doch wieder auf dem Sofa, träumt vom Schnee, von der Kälte, vom Wind, der ihm ins Gesicht bläst. Und von Bahnhöfen. Vor allem aber träumt er davon, anzukommen, endlich irgendwo anzukommen.

Aus der einen Stunde Schlaf werden drei oder vier. Als Paul am Nachmittag aufwacht, erklärt ihm die Mutter, dass er und Susa in die zweiklassige Schule, für alle Kinder von sechs bis vierzehn Jahren, gehen müssen. Die Mutter berichtet auch, dass sie auf dem Gemeindeamt viele Breslauer getroffen hat. „Die meisten suchen natürlich eine Bleibe. Nicht alle haben es so gut wie wir.“ Dabei dreht sich Mama mit einem dankbaren Lächeln zu Oma um.

Später machen Susa und Paul mit der Mutter einen Rundgang um Onkel Karls Fabrik. Das Wetter ist jetzt freundlicher, es ist einer jener gleißend hellen Wintertage. Der Schnee glitzert in der Sonne, die manchmal zwischen den Wolken hervorblitzt.

In der Fabrik entdeckt Paul Omas altes Klavier. Am Abend setzt er sich allein hin und spielt einzelne Töne. Eine Melodie will noch nicht entstehen.

Währenddessen schreibt Mama einen langen Brief an Papa.

Bis zur Schule sind es nur einige Hundert Meter. Paul und Susa gehen gemeinsam in die Klasse für die Elf- bis Vierzehnjährigen. Es gibt für beide Klassen nur zwei alte Lehrer, die fast siebzig sind. Die Jüngeren sind alle im Krieg. Ein Ofen bollert in der Ecke, für den die Schüler Briketts mitbringen müssen, wenn der Vorrat aufgebraucht ist. Paul und Susa sind ihren Klassenkameraden weit voraus, aber dazulernen kann man immer, sagt Mama. Zum Schreiben hat Paul von Onkel Karl Papierbögen aus der Fabrik bekommen, denn Hefte gibt es nicht. Bücher gibt es nur wenige, halb zerfledderte. Der Lehrer muss viel erzählen.

Ein Brief des Vaters trifft ein. Das Schreiben besteht nur aus zwei Worten: *Ich komme*. Darunter hat Papa noch klein vermerkt: *Das letzte Gehalt RM 500,- habe ich an Euch nach Einsiedel geschickt*. Das ist wirklich alles. Aber es ist ein Lebenszeichen!

Wann, ja wann kommt der Vater?

Die Mutter entziffert den Poststempel. Der Brief wurde vor vierzehn Tagen abgeschickt. Inzwischen kann viel passiert sein. Zwei Wochen sind eine lange Zeit.

„Der kommt", sagt Paul.

„Ganz schön mutig", meint Susa.

„In Eis und Schnee", seufzt Oma.

Aber dann beginnt die Schneeschmelze. Und der Krieg kommt nach Einsiedel.

Fast jede Nacht heulen die Sirenen. Fast jede Nacht werden sie vom Alarm aus den Betten gerissen. Sie sitzen in der Waschküche. Im Trainingsanzug, ausgerüstet mit Gasmasken und Luftschutzköfferchen.

Und sie warten noch immer auf Papa.

An einem sonnigen Nachmittag biegt ein überladener Pkw der Marke DKW in das Grundstück Hauptstraße 108 ein und hält vor dem Fabrikgebäude, direkt vor Mamas Füßen. Die Mutter traut ihren Augen nicht. Aus dem kleinen Fahrzeug schält sich nach und nach die Verwandtschaft aus Strehlen: Onkel Emil, Tante Hanne, die Oma und die drei Kinder.

DKW
Abkürzung für: Dampfkraftwagen (Auto- und Motorradmarke)

Sie wollen erst einmal hierbleiben und abwarten, um dann zu entscheiden, wie es weitergehen soll. Onkel Karl macht in seiner Wohnung über der Fabrik zwei Zimmer für die Strehlener frei, sogar mit zwei richtigen Betten und Strohsäcken für die Kinder. Kochen können sie in der Küche der Tante.

Es ist der 4. März 1945.

Die Nacht verläuft ruhig und der nächste Tag auch, von einigen kurzen Fliegeralarmen abgesehen.

Doch in der Nacht zum 6. März geschieht das, was die Bevölkerung von Einsiedel in ihren schlimmsten Träumen nicht für möglich gehalten hatte.

Kurz nach dem Abendessen wird Voralarm gegeben und gleich darauf Vollalarm. Alle nehmen ihre Luftschutzköfferchen und gehen über den Hof zur Waschküche, in der es nach dem Petroleum der Notbeleuchtung riecht. Eine blanke, blau gefärbte Glühlampe schwingt an der Decke leicht hin und her. Paul läuft noch einmal über den Hof, um ein paar Gartenstühle zu holen. Mit den Strehlenern, den zwei Parteien aus dem Vorderhaus, Oma, Onkel Karl und Tante Hilde sind es fünfzehn Personen, die sich auf ungefähr sechzehn Quadratmetern drängen, die beiden Kleinkinder eingerechnet. Herr Marek, der Luftschutzwart, schaut in die Waschküche und sagt gelassen: „Sie kommen von Südosten, ‚Weihnachtsbäume' zur Markierung haben sie auch schon gesetzt. Haltet die Tür geschlossen, denn sie führt auf den Hof." Dann geht Herr Marek, um in anderen Luftschutzkellern nach dem Rechten zu schauen.

Sie haben ihn nie mehr gesehen.

Mit einem vielstimmigen Kreischen, gefolgt von ohrenbetäubenden Detonationen, fallen die ersten Sprengbomben, der Luftdruck lässt die Tür im Rahmen erzittern, die Lampe an der Decke pendelt und erlischt. Es folgt auf Einschlag. Paul zuckt jedes Mal zusammen. Mama und Onkel Karl zünden die drei Petroleumlampen an. Schatten tanzen an der Wand. Paul sitzt zusammengekauert, mit starrem Gesicht. Da, eine Riesenexplosion! Alle schreien entsetzt auf. Das Geschrei der Kinder wird vom Staub erstickt. Eine Petroleumlampe fällt von der Wand, der Glaszylinder zerbricht und die Flamme erlischt. Die Tür wird von dem gewaltigen Luftdruck nach innen gedrückt, Steinbrocken fliegen. Paul duckt sich, hält die Hände über den Kopf. Susa sucht seine Hand. Onkel Karl versucht, die Tür wieder aufzurichten, wird aber von der nächsten Detonationswelle mitsamt der Tür in den Raum gegen Mama und Paul geschleudert. Durch den leeren Türrahmen sehen sie die aus den Ruinen der Nachbarhäuser auflodernden Flammen. Brandbomben fallen wie Regen. Ein Flammeninferno bricht los. Paul hält sich wie ein kleines Kind an Mama fest. Mama hält seine Hand. Es wird taghell in ihrer Waschküche, ein Ruß- und Funkenregen liegt über allem. Hitzeschwaden treiben in den Raum. Scharfer Brandgeruch, Qualm und Ruß kommen hinzu. In der Hölle kann es nicht anders sein, denkt Paul und hilft Mama und Onkel Karl wieder auf die Beine. Susa wimmert. Oma betet. Tatenlos müssen sie die verzweifelten Hilfeschreie aus der Nachbarschaft anhören, denn noch immer fallen Brandbomben und explodieren oder bleiben im Erdboden oder der Asphaltdecke von Hof und Straße stecken. Phosphorbomben. Sie erkennen es an den immer höher auflodernden Flammen, an dem brennend aus dem Gebälk tropfenden Phosphor, der sich entzündet, wenn er mit Luft in Berührung kommt. Jeder Löschversuch ist zum Scheitern verurteilt. Sobald das Wasser verdampft, entfacht der Wind den Brand erneut. Auch auf dem Hof und der Straße schwelende Brandnester, wo der Phosphor mit grüngelb-blauer Flamme vor sich hin brennt und den Asphalt verflüssigt.

Es wird ruhiger draußen, nur die Flammengeräusche, ein Zischen und Pfeifen, sind zu hören, unterbrochen von zusammenstürzendem Gebälk oder Bomben-Spätzündern – und gellenden Hilfeschreien von Menschen.

Keiner im Raum rührt sich, alle blicken wie erstarrt durch den Türrahmen in das Inferno. Onkel Karl fasst sich zuerst. „Ich muss kontrollieren, ob das Gebäude über uns zusammenbrechen könnte.“ Er fordert alle auf, im Raum zu bleiben. Die Erstarrung löst sich, einige bekommen einen Weinkrampf. Die Kinder und Susa schluchzen. Oma und Mama weinen leise.

Onkel Karl kommt mit einer halb erfreulichen, halb traurigen Nachricht zurück. Kein Treffer in der Fabrik, nur zerbrochene Fensterscheiben. Das haben sie der Felswand zu verdanken. Aber das Vorderhaus ist wie alle umliegenden Gebäude den Flammen zum Opfer gefallen.

Er schlägt vor, dass alle Frauen und Kinder nach oben in seine Wohnung gehen, während er mit Paul schaut, ob sie in der Nachbarschaft helfen können.

Was sie dann sehen, sind Bilder des Schreckens: verkohlte Leiber. Brennende Häuser. Menschen, die wie Fackeln lodern. Die beiden können nicht viel tun. Als sie zurückkommen, wird Paul plötzlich von einem Weinkrampf geschüttelt.

Einsiedel wurde am 5. März 1945 zu neunzig Prozent zerstört. Es bleibt rätselhaft, warum ein strategisch so unwichtiger Ort fast völlig vernichtet wurde. Vermutungen zufolge sind die Bomben gar nicht für diesen Ort bestimmt gewesen und nur auf dem Rückflug hier ausgeklinkt worden.

12

Ihren kleinen Luftschutzkoffer schleppen sie über den Berg. Es ist das Einzige, was sie noch haben. Nein, sie haben noch etwas: ihre Stimmen, ihre Lieder. Und im Wald, plötzlich, mit dem Blick in die schaukelnden Baumkronen, die knackenden Äste und das raschelnde Laub, steigen Töne auf. Die ersten, leisen. Die noch fremden, zaghaften. Paul summt beim Gehen. Die Töne gewinnen Kraft, verbinden sich zu einer Melodie. So leicht und mühelos entschlüpfen sie schließlich seinem Mund, so leicht und mühelos laufen die Füße dahin. Mama lächelt und summt. Bis Susa plötzlich ihre Arme in die Luft wirft und einen kräftigen Juchzer in den Himmel stößt, der alles Weinen und das Entsetzen, das noch im Bauch war, vertreibt. Sie leben und sind gesund! Und im Nu schweben Trauer und Angst zwischen den Bäumen davon. Sie singen wie früher. Und der Gesang verleiht ihnen Flügel, lässt sie leicht den Wald durchstreifen und den Hügel erklimmen. Nur der Bass fehlt.

„Wo Papa wohl ist?“ Fast hätte Mama ihre Melodie verloren, aber Paul wirft ihr ein paar Töne hinüber, sie fängt sie auf. Und im Rhythmus des wiedergefundenen Taktes erreichen sie Omas Häuschen.

„Das ist also unser neues Zuhause“, sagt Susa fast feierlich.

Wenige Kilometer hinter Einsiedel, am Rand von Burkhardtsdorf, steht dieses kleine, alte Häuschen einsam am Hang. Oma und Opa August hatten es sich gekauft, um hin und wieder ihre Ruhe zu haben. Nun werden Oma, Paul, Susa und Mama darin wohnen. Zumindest, bis Papa – hoffentlich – kommt. Danach wird man weitersehen.

Das Haus ist unversehrt, wenn auch Spinnen und Mäuse die Oberhand gewonnen haben. Mit Lappen, Liedern und Lumpen wischen sie alle Spuren fort.

Oma steht am Herd. Onkel Karl hat sie hergebracht. Die Großmutter ist auch jetzt noch eine imponierende, schöne und starke Frau, wenn auch gebeugt und mit schmalem, faltigem Gesicht. Die Haare hat sie tagsüber zum Knoten gesteckt. Ihre Augen sind klar und hell. Doch ihre Lieder sind andere geworden, wenn sie die Suppe rührt. Das dunkle Lied von den zwei Königskindern, die nicht zueinanderkommen können, hat ihre fröhlichen Lieder verdrängt: Lieder von Musketieren, der glühenden Sonne und dem wunderbaren Anbruch des Morgens.

Beim Lied der zwei Königskinder muss Paul an Bella denken. Und er zieht ihr Bild aus der Tasche, das noch immer in seiner Winterjacke steckt. Bella mit ihren dunklen Locken, die vorne in der zweiten Reihe saß und der Paul nie, nie hat sagen können, dass er sie mag. Doch einmal hat er sie verteidigt, als Günther Guttermann, Fähnleinführer in der HJ und Großmaul der Sonderklasse, Bella mal eben im Vorbeigehen zuflüsterte: „Bei dir ist wohl auch ein jüdischer Vorfahre vorbeigeschrammt." Da ist Paul aufgesprungen und hat Günther vor allen Bescheid geblasen. Hat sich aus der Bank gereckt und laut in die Klasse gerufen, dass jeder, aber jeder hier in der Klasse seinen Arier-Nachweis erbracht hätte, und Günther solle sich gefälligst solche Bemerkungen ersparen, er habe schließlich auch schwarze Haare und grüne Augen. Und ob das Neid sei, hat er anschließend gefragt. Weil Bella nichts von ihm wissen wolle. Günther hat geschäumt, und die einzige Antwort, die er hatte, war die zum Schlag erhobene Pranke.

Seit jenem Tag war Bella für Paul noch verlockender geworden, gleichsam wie etwas Verbotenes, das kribbelte, wenn er es streifte.

Nur gesagt hat Paul es ihr nicht. Obwohl sie ihm oft zugezwinkert hat. Besonders nach der Geschichte mit Günther Guttermann.

Und dann waren sie fort gewesen. Viel zu plötzlich für eine so zarte Liebe. Ob Bella überhaupt noch lebt? Vielleicht sollte er ihr schreiben? Aber nein. Breslau ist leer. Bella ist auch auf der Flucht irgendwo in Deutschland. Hoffentlich!

Da schreibt Paul vorne auf seine zusammengehefteten Blätter: „Briefe an Bella." Auch wenn er weiß, dass er sie nie abschicken wird.

Sie richten sich die Hütte ein, so gut es geht: ein großer heller Raum. Der Herd in der Ecke. Ein Lehnstuhl am Fenster und ein Tisch mit vier Stühlen.

Daneben ein kleines Schlafzimmer. Irgendwo müssen sie sich noch Stroh besorgen. Sie können nicht alle in den zwei schmalen Betten schlafen. Susa und Mama gehen zum nächsten Bauern. Mit zwei dicken Bündeln Stroh kehren sie zurück. Sogar ein Stück Speck haben sie bekommen. Ein Glückstag.

Mama sieht oft zum Fenster hinaus. Sie wartet eigentlich immer auf Papa. Wenn man wartet, dehnt sich die Zeit, wenn man in den Tag hineinlebt, schrumpft sie oft zu einem Punkt.

An der Wand hängt ein Bild von Opa August, der erst vor Kurzem gestorben ist. Er hatte nur noch eine Niere, und die hat der Krebs zerfressen.

Oma denkt oft an ihn. Sie ist stolz darauf, dass er gegen die Nazis war. Gegen den blinden Gehorsam. Einmal, erzählt sie, wurde Opa zum Verhör abgeholt. Weil er dem

Hausmeister der Trikotagenfabrik verboten hatte, die Ostarbeiter, die ihnen zugeteilt worden waren, mit der Peitsche zu schlagen. „Nicht unter meinem Dach“, hatte Opa gesagt. Da zeigte ihn der Hausmeister an.

„Ich habe gezittert und gebangt“, sagt Oma.

Sie schweigt einen Moment.

„Als Opa am Abend zurückkam, sagte er hier an diesem Tisch: ‚Was sind das für Menschen, die andere Menschen wie Tiere behandeln. Und sie wollen, dass ich auch ein Unmensch werde. Niemals.‘ Von da an war Opa noch mehr ihren Drohungen und Erpressungen ausgesetzt.“

Da wendet Susa ein: „Aber das war doch nur der Übergang. Bis alles ganz und total verändert war. Die Hitleranhänger wollten doch eigentlich Gutes, da mussten sie doch vorher aufräumen.“

Mama räuspert sich und sagt: „Susa. Es gibt keinen, aber auch gar keinen Grund, der es rechtfertigt, Menschen wie Tiere zu behandeln. Stell dir vor, die Russen würden jetzt kommen, dich und Paul verschleppen, in Viehwaggons nach Russland transportieren. Und euch dort unter unwürdigsten Bedingungen auf Bauernhöfen und in Fabriken arbeiten lassen. Genau das haben die Nazis mit den Zwangsarbeitern aus dem Osten getan und tun es immer noch. Und Schlimmeres.“

Da legt Susa plötzlich den Kopf auf den Tisch und weint. Sie schluchzt: „Ich hab das alles geglaubt.“

So vergehen Nachmittage und Abende. Manchmal holt Paul seine Mundharmonika. Manchmal findet er Töne. Aber die Melodien haben immer noch nicht die alte Leichtigkeit. Wie auch? Aber sie nehmen der Seele das Brennen, dem Hunger die Härte und den Träumen schaffen sie langsam wieder neuen Raum.

„Hier könnte man fast zu Hause sein“, sagt Paul eines Morgens, als sie ihr trockenes Frühstücksbrot kauen.

Das Feuer im Kanonenofen glimmt nur noch.

„Holst du Holz?“, fragt Oma. Hinter dem Schuppen hat jemand die ganze Wand hoch das Brennholz aufgeschichtet. Das ist jetzt ihr Glück. Paul holt Holz. Er legt zwei Scheite nach.

„Der Russe steht nicht weit von hier“, sagt Oma. Und man hört ihre Angst heraus. „Er kann jeden Tag kommen.“

Mama hat schon eine rußige Kachel bereitgelegt, mit der sofort Gesicht und Kleidung geschwärzt werden müssen, wenn es ernst wird.

Trotzdem lesen sie vor. Aber sie versinken nie ganz in den Geschichten.

„Ich glaub, ich hab draußen etwas gehört.“ Oma steht auf. Susa presst ihr Ohr an die Tür. Sie schüttelt den Kopf. Nichts.

„Es ist nichts“, sagt jetzt auch Mama.

Da lesen sie weiter.

Und Mama steht weiter am Fenster und hält nach Papa Ausschau.

„Wo ist zu Hause?“, fragt Susa eines Morgens.

„Da, wo wir lachen können und weinen. Wo wir sprechen können und ein Mensch uns zuhört“, sagt Oma.

„Dann will ich für immer hierbleiben“, sagt Susa.

Wenn nicht der Hunger wäre und die Enge: vier Menschen in der kleinen Hütte.

Sie schreien sich an. Keiner hat die Möglichkeit, mal eine Weile für sich allein zu sein. Es sei denn, man kann bei schönem Wetter für ein, zwei Stunden nach draußen gehen. Wenn es der Schnee erlaubt, vielleicht sogar in den Wald. Dorthin zieht es Paul besonders.

Und dann der Hunger. Die Lebensmittelmarken reichen hinten und vorne nicht mehr. In der Gemischtwarenhandlung im Dorf gibt es nur noch wenig zu kaufen. Brot, Mehl und Zucker werden immer knapper.

Die meisten Tage sind Kartoffeltage. Morgens, mittags und abends Kartoffeln. Aber irgendwann ist der Eimer leer. Und der Winter kennt kein Erbarmen. In der Natur ist weit und breit nichts Essbares zu finden, nicht einmal ein paar dürre Kräuter für eine Suppe. Der Hunger ist allgegenwärtig, ein dumpfes Gefühl, das vom Kopf bis in die Füße reicht.

Susa und Paul haben sogar gelernt zu betteln. Wenn sie Glück haben, bekommen sie bei einem Bauern ein Stück Butter, ein Stück Fleisch oder ein, zwei Eier. Aber was ist das schon für vier Personen?

„Im Sommer können wir Beeren sammeln, im Herbst Bucheckern, zwischendurch Grün am Wegesrand."

„Und was essen wir sonst?"

Die Oma stellt mit Paul zwei Fallen für kleine Tiere auf. Nach zwei Tagen verfängt sich ein Kaninchen. Aber es ist sehr mager. Das wird kein Fleischtag, wie sie zuerst gedacht hatten. Immerhin gibt es eine dünne Suppe und drei Fitzel Fleisch für jeden.

„Und wann kommt Papa?"

Die Frage begleitet sie von morgens bis abends.

„Papa schlägt sich wahrscheinlich durch die großen dunklen Wälder", meint Paul. „Jedenfalls wird er bestimmt nicht den Russen und auch nicht den Deutschen in die Arme laufen wollen."

„Dann läuft er nachts und schläft tagsüber in den Bäumen." Susa findet das fast spannend, wie sie es aus Büchern kennt.

„Aber wenn er nachts unterwegs ist, weiß er doch nicht, in welche Richtung er gehen muss", meint Paul.

„Vielleicht hat er eine Karte“, hofft Mama.

„Oder seinen Kompass.“ Paul hat das Gerät oft bewundert.

„Oder er richtet sich nach den Sternen“, meint Susa.

„Vielleicht ist er schon ganz nah“, flüstert Paul.

Der Schnee schmilzt. Die Sonne kommt über den Berg. Sie graben mit einer Schaufel ihr Stückchen Land um. Das Essen wird immer knapper, denn selbst mit Lebensmittelmarken kann man nichts mehr bekommen. Ein Bauer schenkt ihnen ein lebendes Huhn. Jeden Tag warten sie darauf, dass es endlich ein Ei legt.

Oma organisiert sogar ein Schaf. Das soll angeblich Milch geben, nachdem es gerade drei kleine Lämmer zur Welt gebracht hat. Aber das Schaf denkt nicht dran. Die Oma zieht an den Zitzen, nichts kommt. „Sollen wir es schlachten?“, fragt sie verärgert. „Das dumme Schaf.“

Da nennt Susa es einfach Emmi. Und eine Emmi darf keiner schlachten.

Wenn morgens die Sonne aufsteigt, schleicht Paul häufig aus dem Haus, hockt sich in die wärmenden Strahlen. Nebelschwaden durchziehen den nahen Wald, Tautropfen werden von der Sonne aufgesogen. Die Bäume strotzen vor Kraft. An einigen Stellen bricht das Grün schon durch. Paul versucht ein paar Töne auf der Mundharmonika. Nein. Es wird keine Melodie. Die Töne reißen ab.

Wann kommt Papa? Wo bleiben sie, wenn der Hunger hier immer schlimmer wird? Wann kommen die Russen? Wo stehen die Amerikaner? Wann hört endlich der lange, verdammte Krieg auf?

Die Mundharmonika gleitet wieder in seine Hosentasche.

Paul schlendert durchs Dorf. Plötzlich hört er ein Dröhnen. Panzer! Da ist es schon fast zu spät. Er verdrückt sich in einen Hauseingang, kramt fieberhaft in seiner Tasche. Er ertastet ein Taschentuch. Hoffentlich ist es weiß. Das Dröhnen kommt näher. Herzklopfen. Die Panzer sind fast da. Paul schwenkt sein Taschentuch. Da schwingt sich eine Gestalt, ein Soldat im Tarnanzug, aus dem Panzer. Schießt der? Paul geht in Deckung, hält seine Hände vors Gesicht, als wenn das etwas nützte. Er schaut nicht auf. Mit einem Knall kann alles zu Ende sein.

„Hello", ruft eine Stimme.

Paul lugt durch seine Finger.

Der Soldat kommt ohne Gewehr auf ihn zu, grinst und kramt in der Tasche. Er streckt ihm einen Kaugummi hin. „Ich Freund", sagt er lächelnd.

Da nimmt Paul den Kaugummi. Es ist eine ganze Packung.

Der Soldat weist auf Pauls Taschentuch und sagt: „Frieden – freedom."

Paul nickt. „Freedom", wiederholt er lächelnd.

Der Soldat winkt noch ein paar seiner Kameraden herbei. Sie scherzen und lachen. Am Abend schlendert Paul pfeifend nach Hause.

„Wenigstens sind es die Amerikaner", seufzt Mama. „Aber wann kommt endlich, endlich mein Mann?"

Paul und Susa haben Krach. Susa schreit ihren Bruder an: „Ehrlich, Paul, du kotzt mich an."

„Freedom", sagt Paul und streckt ihr einen Kaugummi hin.

„Du suchst dir immer den leichtesten Weg. Nur ja nirgends anecken."

„Du spinnst mal wieder, Schwesterchen."

„Wenn ich das schon höre. Menschlichkeit. Das sind doch Phrasen."

„Und das Gerede vom Endsieg und vom Heldentod sind keine Phrasen?" Paul zittert vor Wut.

„Aber euer Reden ist so schwammig. Die Nazis waren wenigstens mal kantig."

„Klar", Paul schreit fast. „Die sind so kantig, dass sie um sich herum alles zerstören. Die haben eigentlich nur noch Kanten. Tödliche Kanten." Paul steht aufrecht vor seiner Schwester, wirft seinen dunklen Haarschopf zurück. Susa schaut ihn an. Erst noch verächtlich, dann ändert sich ihr Gesichtsausdruck.

„Mensch, Paul", auf einmal schluchzt Susa los. „So kenn ich dich doch gar nicht. Du kannst ja auch deine Meinung sagen." Und dann fällt sie ihm weinend in die Arme. „Ich hab immer gemeint, du seist so ein Samtbubi."

„Nur weil diese Großmäuler alle, die nicht genauso gestrickt waren wie sie, Samtbubi nannten, bin ich noch lange keiner. Einfach machen die sich's, sehr einfach."

„Und ich hab das geglaubt."

Paul streichelt ihr hilflos über das Haar. Sie schweigen.

Wenige Tage später, am 1. Mai 1945, nimmt sich Hitler im Führerbunker in Berlin das Leben.

Sie erfahren es unten im Dorf, wo sie sich ihre täglichen Informationen holen. Sie haben ja kein Radio.

„Endlich", sagt Oma, als sie zu Mittag um den Tisch sitzen und ihre dünne Suppe löffeln, in der immerhin schon etwas Grün schwimmt.

„Ganz schön feige", meint Mama, „sich einfach auszuschalten, jetzt, wo er sich bald vor Gericht hätte verantworten müssen."

„Ich glaube, der war sogar zu feig, um zu kapitulieren", meint Paul. „Eine Kapitulation passte nicht in sein Weltbild vom ungebrochenen Helden."

„Auf jeden Fall ist er tot." Plötzlich schiebt Susa ihren leeren Teller weg, legt den Kopf auf den Tisch und weint.

„Susa, was ist?", fragt Mama.

Da schaut Susa die Mutter ganz groß an und fragt: „Und ihr seid kein bisschen traurig, dass Hitler tot ist?" Sie schluchzt und fügt hinzu: „Und außerdem: Was soll man denn jetzt noch glauben?"

Am Abend sitzen Oma und Mama lange draußen. Es ist der erste wunderschöne warme Abend.

„Ich glaube", sagt Mama, „Susa hat da einen Punkt berührt, den wir nicht unterschätzen dürfen. Hitler hat in einer Zeit, in der überall, nicht nur in Deutschland, Not und Arbeitslosigkeit herrschten, vielen Menschen Glauben und Halt gegeben. Die Botschaft war klar, der Glaube fest und über jeden Zweifel erhaben. Die Lage besserte sich. Nach dem Preis hat keiner gefragt."

Oma zupft Brennnesselspitzen für ein Gemüsegericht für den nächsten Tag. „Für die, die daran geglaubt haben, bricht jetzt eine Welt zusammen."

„Nicht nur für die. Wir stehen doch alle vor einem Trümmerhaufen."

Oma erhebt sich aus ihrem Korbstuhl. Es wird nun doch ein bisschen kühl. „Wir müssen auf unsere Susa aufpassen. Sie wird versuchen müssen, sich ein neues Weltbild zu schaffen. Unsere Vorstellungen wird sie ja nicht übernehmen wollen. Eltern und Großeltern sind doch spießig!"

„Was bleibt ihr dann?"

„Es wird schwer für sie", sagt Oma.

„Aber wir haben Glück." Mama steht auch auf, um hineinzugehen. „Jetzt, wo die Amerikaner hier sind, geht es uns besser.“

Zum einen meint sie damit, dass nun hoffentlich die Versorgung mit Lebensmitteln besser werden wird. Vor allem aber spricht daraus die Hoffnung, dass bald endgültig Frieden sei und sie sich vielleicht ein neues eigenes Leben in Freiheit und Wohlstand würden aufbauen können.

Paul und Susa bringen aus der Schule sogar einen Spruch mit:

Der Onkel aus Amerika,
der ist gut, ist immer da.
Der gibt uns Wurst und Käse, Speck
und schießt uns schnell die Russen weg.

Da wird Oma ärgerlich. „Das ist doch wohl Blödsinn. Die Amis sind gut, die Russen schlecht. Das gibt es nur im Märchen, hier die Guten, da die Bösen. Hört denn dieser Quatsch niemals auf?“

Es ist Friede. Deutschland hat kapituliert. Einige freuen sich. Für andere ist es ein Tag des Untergangs. Sie haben verloren.

Die, die so denken, bleiben stumm im Haus. Und das sind nicht wenige.

Der Jubel ist unbeschreiblich, als einige Tage später Papa kommt.

Paul sieht ihn als Erster, als er nach der Schule über den Dorfplatz geht. Im langen offenen Mantel läuft ein Mann die Straße herunter.

Von ferne denkt Paul: Der ist so lang wie Papa.

Dann denkt Paul: Der geht wie Papa.

Schließlich schüttelt er den Kopf.

Nein, der hat einen Bart im Gesicht.

Und außerdem ist er zu dünn.

Enttäuscht schaut Paul den Mann schon gar nicht mehr an.

Der ist nämlich zu abgerissen.

Und am Ende denkt er: Ich spinne. Papa ist bestimmt bei den Russen. Gefangen. Verschleppt.

Bis der Mann ihm schließlich um den Hals fällt: „Paul. Mein Paul!"

Da kann er es gar nicht fassen. „Papa, mein Papa!"

Die Wangen sind eingefallen.

Papa ist klapperdürr.

Mama sieht sie schon von Weitem und läuft ihnen entgegen.

„Dass du endlich da bist!"

Tausend Fragen prasseln auf Papa ein. Wie bist du durchgekommen? Wie geht es dir? Wie war es in Breslau? Und die Russen, sind sie so schlimm?

Papa erzählt von der Belagerung Breslaus. Wie die Deutschen ganze Straßenzüge gesprengt und platt gewalzt haben, um Lastensegler landen und kleine Motorflugzeuge starten zu lassen.

„Die Nazibonzen mussten ja mit heiler Haut davonkommen", erklärt Papa mit einem bitteren Lächeln.

„Und du? Wie bist du herausgekommen?", fragt Paul. Er sitzt jetzt im Schneidersitz vor Papa.

„Wir sollten mit zehn Mann eine Kolonne von zweihundert Gefangenen an den westlichen Verteidigungsring von Breslau bringen, um die Schanzen zu sichern. Die Russen hatten schon fast die Zange um Breslau geschlossen. Wir setzten uns ab und witschten gerade noch hinaus. Dann haben wir die Waffen, die man uns zur Bewachung gegeben

Schanze *Teil einer Festung bzw. Wallanlage*

hatte, weggeworfen und haben uns jeweils zu zweit still und heimlich aus dem Staub gemacht. Danach haben wir uns aus Sicherheitsgründen getrennt, und jeder ist allein weiter. Ob die anderen neun durchgekommen sind, weiß ich nicht."

„Und du?"

„Ich hatte Brot bei mir und Wasser, meinen Tornister. Und meine Beine hatte ich. Da bin ich losmarschiert. Nachts hab ich meist in Scheunen geschlafen. Für einen allein ist das einfacher. So habe ich mich durchgeschlagen, bis eines schönen Tages plötzlich Männer auftauchten, Militär und Zivil. ‚Sie sind abkommandiert, Breslau zu verteidigen.' Da war ich geistesgegenwärtig und sagte in zackigem Ton: ‚Melde gehorsamst, Breslau verteidigt. Bin unterwegs zum Stoßtrupp.' Das hat mich gerettet. Die haben mir das tatsächlich abgenommen." Papa grinst. „Nur einer wollte noch weiterbohren, der traute mir nicht so ganz. Da hab ich ihm zum Beweis meine Karte mit den Verteidigungslinien gezeigt. Schlau, nicht?"

Nun erzählt Paul von dem Jungen auf dem Dresdner Bahnhof, der zur Verteidigung von Breslau eingesetzt worden war. „Der war gerade mal ein Jahr älter als ich."

„Wie viele haben die noch in den allerletzten Wochen in den Tod geschickt", sagt Papa, „ich hab oft an dich gedacht, Paul." Er streicht seinem Sohn übers Haar. „Wie gut, dass wir jetzt wieder zusammen sind."

„Du musst noch ganz viel erzählen und wir dir", sagt Oma zu Papa. „Doch: Wie viele Worte werden gesagt. Wie viele verschwiegen."

Paul hat das nicht ganz verstanden. Aber er weiß, dass jeder seine Worte im Kopf hat und dass man einander Zeit lassen muss, das alles auch auszusprechen. Aber wenn man zusammen froh und zusammen traurig ist, dann ist das schon viel.

Sie pflanzen Bohnen, setzen Kartoffeln. Papa rodet ein Stück Wald.

Jetzt sind sie zu fünft in der Hütte. Und es gibt in der Gegend keine Arbeit und kein Brot. Die Oma teilt alles, was sie hat. Aber dann hat sie selbst nichts mehr. Und die Amerikaner ziehen wieder ab. Das ist ein schlechtes Zeichen: Sie machen nämlich den Russen Platz.

Da spricht Mama wieder von Aufbruch. Papa will noch nicht. Paul und Susa wollen überhaupt nicht. Sie sind doch hier zu Hause. Sie könnten sich doch noch zwei Zimmer anbauen. Warum sollen sie weiterziehen? Wo können sie besser leben? Wohin sollen sie gehen? Sie haben gehört, dass es drüben unter der amerikanischen Besatzung mehr zu essen gibt, ja. Aber reicht das als Grund für einen neuerlichen Aufbruch ins Ungewisse?

Die Oma will sie nicht ziehen lassen. Die Eltern schreien sich an. Paul hält sich die Ohren zu. Susa sagt: „Typisch."

Da kommen die Russen auch nach Burkhardtsdorf. Man merkt es zunächst nur daran, dass Lastwagen mit johlenden Soldaten durch die Straßen fahren und hin und wieder Maschinengewehre zu hören sind, mit denen Besoffene bei den Bauern das Vieh abknallen. Alle sind zu Tode erschrocken. Mama und Susa verstecken sich mit rußgeschwärzten Gesichtern im Geräteschuppen. Oma steht wie ein Drache an der Tür: „Lasst mal, mich packt keiner. Ein altes Weib, wer will das schon." Und doch zittert sie.

„Und wenn das Vieh erst der Anfang war?", fragt Mama.

Aber das war doch wohl nur, um die Bevölkerung einzuschüchtern oder aus purem „Spaß".

Doch Mamas Befürchtungen bestätigen sich. Die Berichte über Plünderungen, Misshandlungen und Vergewaltigungen mehren sich. Ein Mädchen aus der Nachbarschaft, das sie kennen, wurde von mehreren russischen Soldaten vergewaltigt. Die Männer drangen brutal ins Haus ein, wollten das Mädchen aus der Küche zerren. Die Großmutter warf sich dazwischen wie ein kämpfender Stier, konnte natürlich nichts ausrichten. Sie bekam einen Stoß, dass sie gegen den Tisch flog und sich mehrere Rippen brach.

Danach haben sie die Zwanzigjährige aufs Bett geworfen. Der Anführer bestimmte, wer als Erster dran war. Das war er. Beim Letzten schrie das Mädchen nicht mehr.

Die Großmutter steht noch immer unter Schock, will nicht mehr essen.

Die Angst geht um und findet immer neue Nahrung. Mädchen, junge Frauen, Mütter, sogar Großmütter, fast so alt wie Oma, sollen Opfer von Vergewaltigungen geworden sein. Vielleicht sind manche dieser Schreckensmeldungen übertrieben. Aber wenn nur einige davon stimmen, ist es entsetzlich genug.

Die erste, ungeordnete Einzugswelle, von der sie gottlob verschont bleiben, ist die schlimmste.

Die Russen ziehen ins Schulhaus ein. Der Unterricht wird auf unbestimmte Zeit ausgesetzt. Auch einige der umliegenden Häuser müssen geräumt werden, um Russen Platz zu machen. Der Kommandant hat seine Männer einigermaßen unter Kontrolle. Solange sie nicht betrunken sind, sind sie ganz friedlich. Trotzdem geht man ihnen besser aus dem Weg. Mama und Susa verlassen das Haus fast überhaupt nicht mehr. Paul und Papa schlafen vorne an der Tür, dann kommt Oma, und ganz hinten Mama und Susa.

Doch die im Dorf einquartierten Russen fragen hauptsächlich nach Armband- oder Taschenuhren und nach elektrischen Geräten. Sie haben aber keine Uhr, Papas Taschenuhr ist bei einem Räumungseinsatz kaputt gegangen, Pauls Armbanduhr hat auf dem Schreckensmarsch nach

Dresden der Schmied als Bezahlung bekommen, Mamas Armbanduhr wurde schon gegen eine Extraration Lebensmittel eingetauscht, Omas kleine Standuhr ist in Einsiedel verbrannt.

Ein großer, breitschultriger Russe steht in der Tür und pfeift, zwei andere hinter ihm. Mama und Susa zittern im Geräteschuppen. Papa ist nicht da, er versucht sich für ein paar Eier und einen Laib Brot bei einem Bauern nützlich zu machen. Paul und Oma sind allein im Haus. Werden sie sie jetzt auch packen? Oma gibt dem Breitschultrigen einen silbernen Serviettenring und zieht die Schultern hoch. Mehr hab ich nicht, heißt das. Schließlich verschwinden die Männer.

Abends hört man sie manchmal im Dorf unten singen. Die Russen sitzen an Lagerfeuern vor den Häusern und stimmen schwermütige Lieder an. Paul lauscht ihnen. Die Lieder klingen schön und traurig zugleich, als sehnten sich auch diese Männer nach etwas, was sie hier nicht finden.

Jeder Mensch hat eine Melodie, denkt Paul. Aber sosehr er auch auf seiner Mundharmonika nach seiner Melodie sucht, er findet nicht zu ihr zurück.

Der russische Hauptmann heißt Juri. Er ist mit einem Megafon durch die Straßen gezogen und hat sich bekannt gemacht. Juri ist ein ordentlicher Kerl und spricht ein recht gutes Deutsch. Er will nicht, dass seine Leute plündern, vergewaltigen und töten. Als er Paul und Susa sieht, sagt er: „Ich habe auch zwei Kinder, ein bisschen jünger. Hoffentlich geht es ihnen gut.“ Und er fügt mit rauer Stimme hinzu: „Ich will, dass es euch auch gut geht.“

Trotzdem hört man immer wieder von brutalen Überfällen und Vergewaltigungen. Die Russen sollen in den Häusern und Wohnungen, in denen sie einquartiert sind, fürchterlich hausen und alles, was ihnen im Weg ist, kurz und klein schlagen. Besonders, wenn sie betrunken sind – und das sind sie angeblich immer. Gräuelgeschichten machen die Runde. Und auch wenn nicht alle Russen solche barbarischen Wüstlinge sind – wen es trifft, der unterscheidet nicht mehr.

Das Zittern geht weiter.

Aus Einsiedel erhalten sie die Nachricht, dass Onkel Karl von den Russen abgeholt wurde. Keiner weiß, wohin sie ihn gebracht haben.

„Für die Nazis war Karl verdächtig, weil er nicht immer nach ihrer Pfeife tanzte. Seine Mitgliedschaft bei der NSDAP hat er später bitter bereut. Aber da wäre es schon zu gefährlich gewesen, aus der Partei auszutreten. Für die Russen ist er ein Feind, weil er Kapitalist ist“, seufzt Oma.

Sie trauert um ihren Sohn.

Juri wird abgelöst. An seine Stelle kommt Oleg. Kommandant Oleg ist anders. Das merkt man sofort. Die Lieder verstummen. Die Menschen verstecken sich wieder. Oleg ist unberechenbar. Mal brüllt er, mal raspelt er Süßholz.

Süßholz raspeln *jemandem schmeicheln (Redensart)*

„Dem ist nicht zu trauen“, sagt Papa.

Schließlich werden alle Männer des Dorfes und der näheren Umgebung zu einer Kundgebung vor das Schulhaus beordert. In zwei Tagen um sieben Uhr früh.

Was haben die Russen vor?

Immer wieder hat man von Männern gehört, die verschleppt wurden. Von Männern, die geschlagen und in Gefängnisse gezerrt worden sind. Von Männern, die erschossen oder öffentlich hingerichtet wurden.

Die Angst geht um und würgt das ganze Dorf.

Die Eltern beschließen aufs Neue die Flucht. Am besten noch in der kommenden Nacht. Papa darf nicht verschleppt werden wie Onkel Karl! Sie wollen alle überleben.

Doch wo ist das möglich?

Im Westen. Aber der „Westen“ ist nicht viel mehr als ein Wort. Was wissen sie schon? Trotzdem. Dahin wollen sie. Dort wollen sie es versuchen. In einer der drei Besatzungszonen der Amerikaner, Briten oder Franzosen. Dort soll es auch mehr zu essen geben.

Sie werden bei Nacht und Nebel aufbrechen, ohne ein bestimmtes Ziel. Ohne die Gewissheit, irgendwo anzukommen. Es gibt keinen Ort, den sie kennen. Nur eine vage Hoffnung. Einen winzigen Lichtschimmer am Ende eines langen, dunklen Tunnels.

Nach der Kapitulation Deutschlands am 8. Mai 1945 und aufgrund der sogenannten Juni-Deklaration vom 5. Juni 1945 wurden vier Besatzungszonen gebildet, die jeweils von den Truppen Großbritanniens, Frankreichs, der UdSSR und den USA besetzt wurden.

Es war offiziell nicht erlaubt, die Grenzen zu überschreiten und sich in einer anderen Zone niederzulassen. Vor allem aus Gründen der Versorgung, wegen der herrschenden Wohnungsnot sowie dem Mangel an Arbeitsplätzen schien es notwendig, die Bevölkerungszahl möglichst stabil zu halten.

13

Ein Bauer bringt sie gegen Geld mit Pferd und Wagen ungefähr dreißig Kilometer westwärts. Jeder hat nur einen kleinen Rucksack mit dem Allernötigsten. Es ist eine dunkle Nacht. Man sieht kaum die Hand vor Augen. Der Bauer fährt über Feldwege, um nicht auf eine russische Patrouille zu stoßen. Ängstlich starren sie in das Dunkel. Der Vater hält die Hand der Mutter. Paul hält Susas Hand. Wohin geht der Weg? Durch Gerüchte und „streng vertrauliche" Informationen hat Papa von Sammelpunkten gehört, von wo Schlepper die Flüchtlinge bei Nacht über die grüne Grenze bringen. Wer dabei erwischt wird, dem geht es schlecht. Aber keiner weiß Genaues.

„Was ist die grüne Grenze?", fragt Paul.

„Das ist eine Grenze, die nicht so streng bewacht wird und im Grünen verläuft, also durch Wald und Wiesen. In diesem Fall zwischen der sowjetischen und der britischen-amerikanischen Besatzungszone", erklärt Mama. „Ich habe von jemandem, der es genau wissen muss, gehört, dass die grüne Grenze in Deutschland von der Ostsee bis in den Bayerischen Wald geht."

„Vielleicht sind wir dort keine Feinde mehr", meint Paul und tastet nach seiner Mundharmonika. Gespielt hat er schon lange nicht mehr. Aber er hat von den russischen Soldaten unter dem Kommando von Juri gelernt, was Musik bewirken kann. Das war für ihn eine wichtige Erfahrung. Lieder sagen manchmal mehr als tausend Erklärungen.

Da ruft der Bauer leise vom Kutschbock nach hinten: „Kopf einziehen."

Alle werfen sich auf den Boden des Wagens. Der Krieg ist doch vorbei. Aber das Zittern nicht. Sie warten. Folgen Schüsse? Wer ist da? Ihre Herzen hämmern.

„Russische Soldaten, die den Wald durchstreifen“, erklärt der Bauer. Der Leiterwagen rattert weiter ohne anzuhalten.

Schließlich hört man nur noch das „Brr“ und „Hussa“ des Wagenlenkers. Sie beruhigen sich allmählich, richten sich wieder auf. Es geht weiter und weiter. Bergauf und bergab. Da macht der Bauer endgültig: „Brr.“

Er setzt sie ab. So war es vereinbart. Im Osten kommt gerade die Sonne hinter den Hügeln hervor. Der Bauer weist nach Westen. „Haltet euch an die Sonne, das Wetter bleibt gut“, sagt er und wendet sein Gespann.

Paul hat Hunger. Er kaut auf einem Grashalm. Wenn das Gras bitter wird, spuckt er es aus. Jetzt geht es zu Fuß weiter. Paul hat in Omas Haus sogar eine Landkarte gefunden, die weit nach Westen reicht. Darauf sind auch kleinere Landwege eingezeichnet. Ein Glück, dass sie sich jetzt nach der Karte orientieren können.

So ziehen sie den ganzen Tag bei wunderschönem Sommerwetter über Feldwege gen Westen. An der Stelle, wohin sie angeblich müssen, hat Papa einen roten Punkt eingezeichnet. Es ist ein Dorf ganz in der Nähe der grünen Grenze. Da soll es einen Bauern geben, der Schlepper vermittelt. Am Ende der Ortschaft befinde sich ein kleines, halb verfallenes Fachwerkhaus: die Schlepperhütte.

Gerüchte. Halbinformationen. Wer weiß, ob sie stimmen.

Doch zuerst müssen sie fast bis zum Harz hinauf. Da soll das Überschreiten der Grenze am leichtesten sein. Oder wenigstens sollten sie bis in die Gegend von Nordhausen kommen, hat einer, der sich auskennt, dem Vater erklärt. Ein anderer hat gewusst, dass die Schlepper jeweils höchstens zwanzig Personen mitnehmen. Bei Kindern seien sie noch vorsichtiger. Hinter der grünen Grenze würden britische Besatzungskräfte die Flüchtlinge freundlich empfangen und den Umständen entsprechend gut versorgen.

Da es sommerlich warm ist und die Tage lang sind, können sie, wenn ihre Beine sie tragen, bis zu zwölf Stunden unterwegs sein. Dann müssen sie sich ein Lager für die Nacht suchen. Doch sie sind nicht die einzigen Flüchtlinge, die über die grüne Grenze in den Westen wollen. Das erste Dorf ist schon voll. Also müssen sie weiter: sieben Kilometer bis zum nächsten Dorf. Paul spürt kaum noch seine Füße. Die Fußsohlen schmerzen. Er trägt immer noch die alten Schuhe vom Winter, die Zehen des rechten Fußes drücken.

„Weiter", Susa schubst ihn, wohl um sich selbst Mut zu machen. Mama pflückt im Vorbeigehen ein paar Himbeeren. Sie schmecken wunderbar.

Es sind meist Heuschober auf Bauernhöfen, die zum Schlafen dienen. Und viele Bauern teilen mit ihnen Milch und Brot am gemeinsamen großen Küchentisch. Das ist für alle eine tröstliche Erfahrung.

Aber heute will es nicht klappen. Endlich finden sie einen Schuppen hinter den Ställen eines Bauernhofs. Als Paul und Susa ins Haus gehen, um nach Essen zu fragen, sehen sie, dass die Küche schon von hungrigen Mäulern überquillt. Sie trauen sich kaum hinein. Aber der Magen knurrt. Sie bekommen schließlich zwei Schnitten Brot. Eine teilen sie sich, die andere bringen sie den Eltern mit.

Auf einem der Bauernhöfe treffen sie eine Familie, mit der sie sich gut verstehen und offen reden können. Von ihnen bekommen sie auch einige nützliche Informationen, denen sie vertrauen können. Sie gehen ein Stück gemeinsam, und Paul freundet sich mit den drei Jungen an. Er hat schon fast vergessen, wie das ist. Sie singen und schnitzen Pfeifchen. Es ist fast wie auf einem Sonntagsausflug. Da fällt das Marschieren leichter, wenn man nicht immer an die wunden Füße denken muss. Mama massiert am Abend seine Fußsohlen.

Am nächsten Tag verabschieden sie sich. Beide Familien müssen getrennt weiter. Vielleicht sehen sie sich einmal wieder.

Auf Pauls Karte ist eine Bahnlinie eingezeichnet, die in ihre Richtung führt. Die wollen sie morgen erreichen. Wenn sie Glück haben, erwischen sie einen Zug. Sie sind froh, wenn sie hin und wieder wenigstens eine kurze Strecke mit der Bahn fahren können, auch wenn meistens nur Viehwaggons eingesetzt wurden. Bei Strecken über hundert Kilometer braucht man zudem inzwischen einen Passierschein. Den haben sie natürlich nicht.

Bei Aufenthalten auf Bahnhöfen müssen sie oft im Freien übernachten. Nicht immer sind die Nächte warm und trocken. Sie haben in ihren Rucksäcken Regenschutz und leichte Decken. Familien mit Kindern dürfen zwar in der Bahnhofshalle schlafen, aber die ist meistens überfüllt.

„Trinkt ja kein Leitungswasser“, schärft ihnen Mama ein, „Typhusgefahr.“ Und Mama macht sich schon mit ihrem zerbeulten Topf auf den Weg in eine Küche, wo die Flüchtlinge – eine Familie nach der andern – kochen können. Mama kocht auch Wasser ab. Meistens sind viele, viele vor Mama in der Schlange, sodass sie warten und warten muss.

In der Zeit ist Paul ein Stück ausgeschert und durch ein kleines Wäldchen tatsächlich auf eine Bauernkate gestoßen. Erst schlägt der Hund an. Aber Paul sieht, dass er angekettet ist. Paul klopft. Keiner öffnet. Er drückt vorsichtig auf die Klinke. Eine alte Frau steht am Herd. Vielleicht hört sie nicht. Da ruft Paul ein bisschen lauter.

Die alte Frau schrickt zusammen, ist aber sofort freundlich, als sie sieht, dass da nur ein einzelner Junge steht. Sie gibt ihm sogar eine zerbeulte Büchse voll warmer Haferflockensuppe und zwei Eier mit.

Jetzt muss Paul aber zurück. Vorsichtig balanciert er den Topf. Die Eier stecken in der Jackentasche.

Die Eltern haben ihn schon vermisst und sich Sorgen gemacht.

„Du musst dich abmelden. Wir müssen doch wissen, wo du bist“, sagt Papa ärgerlich.

Aber dann gibt es ein Festessen für alle, und der Ärger ist vergessen. Sie geben sogar einem kleinen Jungen etwas ab, der sehnsüchtig auf ihr Essen starrt. Die Mutter des Kleinen erzählt, sie seien in der vergangenen Nacht von russischen Soldaten restlos ausgeplündert worden. Zusammen mit anderen Flüchtlingen hätten sie in einer großen Lagerhalle übernachtet. Da hätten sie auf dem nackten Boden schlafen müssen, im Kohlenstaub. Am Morgen war alles Gepäck geplündert. „Und was die Russen nicht genommen haben, haben sich Mitflüchtlinge gegrapscht. – Dabei hätte es noch weit schlimmer kommen können“, fügt die Frau hinzu. Jeder weiß, was sie meint.

„Umso wichtiger ist es, dass wir hinüberkommen“, sagt Papa. Denn zwischendurch kommen immer wieder Zweifel hoch, ob es wirklich richtig war, die Oma zu verlassen, das allerletzte Geld zusammenzukratzen ... Ob sie nicht besser in Burkhardtsdorf geblieben wären?

Wieder ein Stück zu Fuß. Auch Susa klagt über Schmerzen. Sie hat blutige Blasen an den Füßen. Die Schuhe sind zu klein. Da schneidet Papa mit dem Brotmesser die Spitzen ab. „Jetzt hast du Sommerschuhe“, lacht Mama.

Sie verbringen die nächste Nacht in der Lagerhalle einer stillgelegten Fabrik. Nachts laufen die Mäuse übers Gesicht, die Streu aus Stroh ist dünn, die Decken löcherig. Da wird Susa krank. Hohes Fieber und Halsschmerzen.

Der Vater bittet den Aufseher, ausnahmsweise noch eine Nacht bleiben zu dürfen. Aber der Aufseher schüttelt den Kopf. Flüchtlinge dürfen sich nur eine Nacht an einem Ort aufhalten. „Leider." Sie ziehen weiter, stützen Susa. Nur sechs Kilometer bis zum nächsten Ort. Susas Knie knicken ein. Papa hängt sich seine Tochter über die Schulter. „Knochen auf Knochen", scherzt Papa. „Wirklich, Mädchen, du bist ja federleicht." Er pfeift im Rhythmus seiner Schritte. Da läuft sich's besser.

Sie finden freundliche Bauersleute. Sie bekommen sogar ein Zimmer mit einem großen Bett. Die Bäuerin backt Brot. Sie schenkt ihnen ein ganzes. Heimlich behält sie der Bauer noch eine zweite Nacht, dann müssen sie wirklich weiter. Doch der Bauer organisiert einen Leiterwagen, der sie bis zur nächsten Mühle – und das sind immerhin zwanzig Kilometer – mitnimmt.

Öfters treffen sie andere Gruppen, mit denen sie dann ein Stück des Weges gemeinsam zurücklegen. Dabei tauschen sie nützliche Informationen aus.

Bei einer solchen Gelegenheit beobachtet Paul ein Mädchen, das ihn an Bella erinnert. Sein Herz klopft. Aber es ist nicht Bella, das Mädchen aus seiner Klasse. Die Fremde hat lange, dunkle lockige Haare, mit einem Tuch zurückgebunden. In der einen Hand trägt sie einen Koffer, an der anderen Hand zieht sie ein kleines Mädchen hinter sich her: „Komm, Binchen."

„Sind wir bald da?", fragt die Kleine.

„Ja, Binchen. Jeden Abend sind wir da. Und dann wieder unterwegs."

Doch das versteht die Kleine nicht.

Mehr kann Paul nicht hören. Der Wind weht die Worte fort.

Die Sohle von Pauls Schuh löst sich. Aber Paul ist findig.

Mit den Augen sucht er den Straßenrand ab, er durchstöbert Mülltonnen. Und tatsächlich entdeckt er einen Schuh, einen rechten. Zwar zwei Nummern zu groß, aber er stopft die Spitze mit Stroh aus. Der neue Schuh drückt auch nicht so. Denn genau sein rechter Fuß scheint größer zu sein.

Papa erfährt bei einem Kötterhof, dass zwei, drei Tagesmärsche entfernt die Dörfer liegen, von wo nachts die Schlepper losgehen. Eines davon ist das Dorf, das Papa auf der Landkarte umkringelt hat. Endlich! Sie haben es fast geschafft! Jetzt gehen die müden Füße schneller. Aber gleichzeitig macht sich auch eine unausgesprochene Angst breit: die Angst, gefasst zu werden; die Angst, nachts im Dunkeln jemanden aus der Familie zu verlieren; die Angst, irgendwohin zu kommen, wo man nie, nie mehr zu Hause sein kann. Und die Angst vor den Wachen an der Grenze.

Kötterhof *Hof eines Kleinbauern*

„Und wenn uns der Russe packt?“ Mama spricht es aus.

„Hauptsache, wir bleiben zusammen“, Papa nimmt ihre Hand in seine.

„Und wenn sie die Kinder verschleppen?“, flüstert Mama ihm leise zu. Sie haben nämlich gehört, dass die Russen sich vor allem Jugendliche herauspicken. Und sie haben Angst um Susa und Paul.

„Psst“, sagt der Vater. Darauf weiß er doch auch keine Antwort.

Von jetzt an geht Mama vorne, Papa hinten, Paul und Susa gehen in der Mitte.

Unterwegs erfahren sie, dass nicht mehr weit entfernt in einer Hütte am Dorfrand ein Schlepper sei, der gegen Geld einmal in der Woche Flüchtlinge über die Grenze bringe. Jeden Mittwoch. Und heute ist Mittwoch.

Sie gehen schneller, sie rennen fast.

Und wirklich erreichen sie gegen Abend, atemlos und völlig erschöpft, die Schlepperhütte. Umso größer ist dann die Enttäuschung: Die zulässige Zahl der Flüchtlinge ist schon voll. Der Schlepper schüttelt entschieden den Kopf. „Noch vier Personen! Unmöglich. Sonst fliegen wir alle auf.“ Aber als Susa in Tränen ausbricht, erklärt er, er würde es sich noch einmal überlegen.

Ein alter Mann schimpft, das sei zu viel. Dafür sei das zu teuer. Und er versucht, den Schlepper zu überreden, die vierköpfige Familie doch zurückzulassen. Da wird eine Frau, die zwei kleine Kinder an der Hand hat, laut. Ob denn jeder nur noch an sich denke. Die vier hätten das gleiche Recht, mitgenommen zu werden, wie alle anderen auch.

„Aber wir gefährden uns selbst“, meckert der Alte.

„Nicht mehr und nicht weniger, als wir ohnehin riskieren“, meint die Frau. „Wir gefährden uns, indem wir hinübergehen. Dann bleiben Sie doch hier, wenn Sie sich nicht gefährden wollen.“

Papa versucht, zu beschwichtigen und bedankt sich bei der Frau.

Sie haben Glück, liefern ihr Geld ab. Sie dürfen mit.

In einer Stunde werden sie schon wieder aufbrechen, müde und erschöpft, wie sie sind. Und sie werden die ganze Nacht durchlaufen.

„Wir schaffen das“, sagt Papa, „wir schaffen alles.“ Und er kann dabei schon wieder lachen.

Sie müssten leise sein. Kein Wort. Das ist die Bedingung, die der Führer ihnen allen stellt. Vorsichtig einen Fuß vor den anderen setzen, um jedes verdächtige Geräusch, wie das Rascheln von Laub oder das Knacken eines Zweiges, nach Möglichkeit zu vermeiden. Das gelinge nicht immer. Aber der Russe habe seine Ohren auch nicht überall.

14

Die grüne Grenze bei Nacht. Herzklopfen, Spannung und ein flaues Gefühl im Magen. Die Eltern haben fast ihr ganzes Geld an den Schlepper abgeliefert. Und sie haben zwei halbwüchsige Kinder bei sich, keine Aussicht auf eine Arbeitsstelle. Wer will sie bitte haben, wenn sie drüben sind? Ohne Geld?

„Es gibt kein Zurück", sagt Papa.

Dazu die ständige Angst, im Dunkel der Nacht plötzlich von Scheinwerfern angestrahlt, von russischen Soldaten gepackt und verschleppt zu werden.

Um Punkt zehn Uhr brechen sie auf. Etwa auf der Hälfte des Weges, gegen zwei Uhr nachts, würde ein zweiter Schlepper, der sich oben im Wald besser auskennt, die Führung übernehmen.

Paul hat seinen rechten Schuh mit neuem Stroh ausgestopft. Susa hat versucht, das Leder ihrer Schuhe mit einem Stück Holz weicher zu klopfen und dabei zu dehnen. Die Hüttenwirtin hat ihr ein Pflaster für ihre Blasen gegeben.

Nur Papa und Mama haben Glück. Sie haben noch ihre festen Schnürstiefel vom Winter an, und ihre Füße wachsen nicht mehr, sodass die Schuhe auch nicht dauernd an immer neuen Stellen drücken.

„Schade, dass du schon größere Füße hast als ich", meint Mama zu Susa, „sonst könnten wir zwischendurch tauschen."

Der Schlepper kontrolliert noch einmal, ob sie alle möglichst dunkle Kleidung tragen. Einer von den Männern muss seine helle Jacke auf links wenden, damit sie im Dunkeln nicht gesehen werden. Der Schlepper hat schon schlechte Erfahrungen mit heller Kleidung gemacht, war daraufhin sogar einige Tage im Gefängnis. Umso vorsichtiger ist er jetzt. Sie marschieren los.

Schweigend gehen sie hinter ihrem Führer her. Der kennt den Weg wie seine Westentasche. Allmählich gewöhnen sich ihre Augen an die Dunkelheit.

Am Abend sind dicke Wolken am Himmel aufgezogen. Daraus lugt jetzt kurz der Mond hervor. Er hat einen großen, dunkel umrandeten Hof. Das erinnert Paul an die rosa Sonne, bevor sie nach Einsiedel kamen. Sie war ihm damals als ein Hoffnungszeichen erschienen.

Doch dann wird der Mondschein von den Wolken ganz verschluckt, und es ist so dunkel, dass man die Gestalt vor sich kaum noch erkennen kann. Die Mutter geht vorne, direkt hinter dem Führer, dann Susa und Paul, der Vater dahinter. Es ist Papa gelungen, das so einzurichten. Die ganze Kolonne besteht mit ihnen aus zweiundzwanzig Personen. Die Mutter hat sich eine Decke über die Schultern gehängt, eine dunkle Decke zum Schutz vor feindlichen Blicken und vor der nächtlichen Kälte.

Sie können nicht mehr sehen, wohin sie treten. Sie rutschen in ihren klobigen Schuhen. Paul knickt um. Sie zerkratzen sich die Beine, bis Susa jammert. Der Schlepper fährt sie an. Ob sie etwa von den Russen geschnappt werden wolle? Danach beißt Susa die Zähne zusammen. Außer knackenden Zweigen, rutschenden Steinen, raschelndem Laub ist nichts zu hören. Gott sei Dank weht ein leichter Wind durch die Bäume, sodass die meisten Geräusche vom Rauschen der Wipfel verschluckt werden. Ein Nachtvogel ruft. Ein anderer antwortet. Womöglich sind es gar keine Vögel? Womöglich sind es russische Wachposten, die sich verständigen? Ein huschender Schatten. Das könnte ein Reh gewesen sein. Oder ein Produkt ihrer überreizten Fantasie. Lauschen. Den Atem anhalten. Weiterstapfen.

Es geht einen steilen Berg hinauf. Der Schlepper gibt mit gleichmäßigen, zügigen Schritten das Tempo vor, die anderen stolpern keuchend hinterher. Sie klammern sich an Gras und Gestrüpp. Papa reicht Mama die Hand, zieht sie das letzte Stück hinauf. Jetzt sind sie oben. Sie laufen über eine weite Lichtung. Dahinter wartet der zweite Schlepper. Es geht ohne Pause weiter.

Eine Frau klagt, sie könne nicht mehr. Ein alter Mann atmet schwer. Sie überqueren einen breit ausgefahrenen Waldweg. Das ist die Strecke, auf der die Russen regelmäßig ihre Kontrollfahrten machen. Der Schlepper winkt sie schnell zu sich herüber. Sie tauchen im Dunkel einer dicht bepflanzten Tannenschonung unter.

Dieses Stück ist das gefährlichste. Besonders jetzt im Sommer, wo es schon so früh hell wird. Würden sie den Weg bis hierher nicht vor Tagesanbruch schaffen, hat ihnen der erste Schlepper erklärt, müssten sie unverrichteter Dinge umkehren.

Etwas knackt unter Mamas Schuh. Lauschen. Sie gehen weiter. Vögel beginnen zu zwitschern. Ist der Morgen schon so nah?

Hinter ihnen das Brummen eines Motors! Der Schlepper bleibt stehen. Kein Geräusch! Atem anhalten! Sie können es in der langsam heraufziehenden Helligkeit schemenhaft erkennen: ein offenes Militärfahrzeug auf dem Weg, den sie soeben gekreuzt haben! Als das Motorengeräusch in der Ferne verebbt, gehen sie langsam weiter. Susa bleibt an einem herabhängenden Ast hängen. Ihr Arm blutet. Sie beißt sich auf die Lippen. Paul hilft ihr, sich von dem Ast zu befreien.

Jetzt geht es wieder steil bergauf. Sie müssen diese unwegsamen Umwege nehmen, um den Kontrollen auszuweichen.

Der Schlepper klettert einen schroffen Felsen hinauf. Oben, auf einer dicht bewachsenen Bergkuppe, bleibt er stehen. Wie sollen sie das schaffen? Der Schlepper zieht einen nach dem anderen das letzte Stück hoch. Erschöpft sitzen sie oben. Ein Mädchen weint laut. Ein Mann legt tröstend seinen Arm um die Schulter seiner Frau. Zwei Jungen kauern dicht beieinander. Bald gibt der Schlepper ein neues Zeichen zum Aufbruch. „Es ist nicht mehr weit“, flüstert er. „Eine Stunde. Dann seid ihr frei.“

Das gibt neue Kraft. Schweigend marschieren sie hinter dem drahtigen Mann in den hereinbrechenden Morgen.

Allmählich kriecht die Helligkeit auch in die Bäume dieses dunklen Waldes. Die Vögel zwitschern. Vor ihnen liegt noch eine Hügelkuppe. Da müssen sie hoch. Ob dahinter die imaginäre Grenze verläuft? Was, wenn sie vor der Grenze doch noch von den Russen erwischt werden? Sie schauen sich immer wieder ängstlich um, sehen aber nichts als Wald, Baumkronen, die die Dunkelheit unter ihrem Laubdach noch länger festhalten.

Sie gehen bis zur Kuppe des Hügels. Da bleibt der Schlepper stehen. Stumm weist er auf den Weg voraus und zeigt mit den Fingern: zwanzig. Der Vater hofft, dass er zwanzig Meter meint. Noch zwanzig Meter bis zur Grenze. Der Vater nickt, der Führer kehrt um.

Der Vater geht nach vorn, übernimmt die Führung. Keiner widerspricht. Das Herz klopft bis zum Hals. Sie überschreiten vielleicht gerade die Grenze. Schweigend, Schritt für Schritt. Die ganze Gruppe, zweiundzwanzig Menschen. Der Wald ist jetzt heller, fünfzig Meter müssen sie seit der Trennung vom Führer hinter sich haben. Ist hier schon der Westen? Weiter. Man kann gar nicht weit genug gehen, denkt Paul. Auch wenn die Füße wehtun. Sie müssen so lange weitergehen, bis sie unten im Tal ein Dorf sehen. „Das ist das erste westliche Dorf, da können Sie sich melden, wenn Sie nicht schon vorher britische Grenzsoldaten getroffen haben“, hat der Schlepper erklärt. Doch sei Vorsicht geboten. Wenn sie einen Wachposten sehen, müssten sie sich erst vergewissern, ob es ein Brite sei – oder vielleicht doch noch ein Russe.

Paul geht hinter dem Vater, er spürt, was in ihm vorgeht. Papa hat genauso Angst, so eine kleine kribbelnde Angst. Es kann nicht mehr viel schiefgehen, aber auch noch alles.

Auf einmal lichtet sich der Wald, die Morgensonne strahlt hell auf ein großes, weites Tal. Unten liegt ein Dorf.

„Da!“, ruft eine Frau und hängt sich an den Arm ihres Mannes.

„Vorsicht“, murmelt der Vater.

„Wir sind über die Grenze, bestimmt sind wir über die Grenze“, rufen zwei Frauen von hinten. Der Vater bittet sie, noch still zu sein. Sie gehen leise weiter auf das Dorf zu. Sonnenflecken auf dem Boden – glänzender Tau. Ein Bach rauscht. Eine Bachstelze nippt von dem Wasser. Susa humpelt. Paul zieht seinen rechten Schuh aus.

Sie hoffen mit Bangen, bald auf Menschen zu treffen. Um sicher zu sein, dass sie wirklich da sind. Angekommen auf der richtigen Seite der Grenze. Paul lächelt Susa an. Er findet seine Schwester tapfer.

Kurz darauf kommt ein britischer Jeep angefahren, er hält vor ihnen. Papa gibt den Nachkommenden ein Zeichen, alle bleiben stehen. Paul zittert, die Mutter zittert, Susa zittert. Der Vater versucht mit einem „Guten Morgen“ sein Zittern zu überspielen. Zwei britische Soldaten springen aus dem Jeep und sagen ebenfalls „Guten Morgen“. Der Fahrer gibt per Funk etwas durch, was, das können sie nicht verstehen.

Sie werden außergewöhnlich freundlich begrüßt. Der Vater berichtet, woher sie kommen. Da dürfen die ersten sechs in den Jeep einsteigen. Sie würden zu einer Auffangstelle gebracht, von wo sie in ein Flüchtlingslager weitervermittelt würden.

Das Einzige, was Paul in dem Augenblick spürt, ist Durst. Er holt seine Flasche aus der Tasche und trinkt einen Schluck. Sie haben die ganze Nacht über nicht trinken können.

Sie fahren. Die Mutter zieht einen Socken aus. Zehen und Ferse sind aufgescheuert. Einer der Soldaten sagt ihr in gebrochenem Deutsch, dass sie bald Jod und Verbandszeug bekämen.

Hinter ihnen folgen schon ein zweiter und dritter Jeep.

Sie haben es geschafft! Sie sind gerettet. Aber sie sind zu müde und erschöpft, um in Jubel auszubrechen.

Kommandantur *Büro eines Kommandanten (hier: Büro des Befehlshabers der britischen Soldaten)*

Sie werden an der britischen Kommandantur abgesetzt. Paul ist noch immer ein wenig mulmig zumute. Zurückgeschoben werden über die Grenze wäre das Schlimmste. Aber nach einer kurzen, freundlichen Begrüßung werden sie in einen Hinterraum gebeten. Da gibt es sogar Brot und Margarine, für alle ein Getränk, und dann erklärt ihnen der Soldat, der sie empfangen hat, dass sie sich morgen auf den Weg in ein Lager bei Braunschweig machen würden. „Mit dem Zug", sagt er. „Nicht mehr zu Fuß." Und er lächelt sie an. Ein breites britisches Lächeln. Und zum ersten Mal kann auch Paul wieder lächeln.

Mama hat Kopfschmerzen. Papa gibt Paul das letzte Geld und sagt: „Geh dort in den Laden. Vielleicht haben die Aspirin."

Die Luft ist warm und flimmernd. Der Laden hat eine schön geschwungene schmiedeeiserne Eingangstür. Eine

Türglocke bimmelt eine fröhliche Melodie. Paul steht vor der Theke eines alten Lebensmittelladens. Darauf steht ein großes Glas mit Himbeerbonbons. Paul läuft das Wasser im Mund zusammen. Vielleicht bekommt er gleich eines geschenkt, wie früher, als er noch klein war. Aber keiner ist da.

Da hört er aus dem Raum hinter dem Laden eine Männerstimme. „Schon wieder ist da so ein Pack Flüchtlinge aus dem Osten angekommen. Die werden bei mir immer als Letzte bedient. Lumpengesindel. Haben sowieso kein Geld. Ich kann sie schon nicht mehr sehen. Haben nichts und wollen alles."

„Und aufpassen muss man bei denen", sagt jetzt eine zweite Männerstimme. „So welche lassen schnell mal was mitgehen."

„Habenichtse", sagt der andere, „ich trau den Brüdern nicht. Wie die schon aussehen." Und Paul sieht förmlich, wie der Mann seine Nase rümpft. Paul schaut an sich hinunter: dreckig, ungepflegt. Da fühlt er sich noch schlechter.

Genau in dem Augenblick muss er niesen.

Sofort steht einer vor ihm und zischt ihn an: „Haste dich schon lange hier rumgetrieben, Lausejunge?" Und er mustert Paul von oben bis unten. „Kommst wohl von drieben", äfft er die Sprache vieler Flüchtlinge nach.

„Nein", murmelt Paul, „ich bin gerade hereingekommen." Dann nimmt er allen Mut zusammen und fragt: „Hätten Sie wohl Kopfschmerztabletten für meine Mutter?"

„Da biste an der falschen Adresse, Jungchen. War das bei euch im Osten so?" Der andere ist jetzt dazugekommen. Beide sehen ihn hämisch grinsend an.

Da dreht Paul sich auf der Stelle um und schleicht hinaus.

Die Türklingel singt, aber nicht für ihn. Die Sonne scheint, aber nicht für ihn. Himbeerbonbons standen da, aber nicht für ihn.

Da, woher sie kommen, konnten sie nicht bleiben. Da, wo sie jetzt sind, wünscht man sie zurück.

ZWEITER TEIL

Ein neuer Anfang

15

Was ist Stärke?

Diesen Aufsatz sollen sie heute in der Schule schreiben.

„Blödes Thema“, brummt Otto.

Paul verdreht die Augen: Stärke. Was soll das? Dann zuckt er mit den Schultern: So ist er, der Herr Bruhns.

Herr Bruhns ist schon alt und pensioniert. Aber da viele der Jüngeren nach dem Krieg nicht – oder noch nicht – heimgekehrt sind, gibt es überall zu wenig Lehrer. Da hat Herr Bruhns den Unterricht hier an der Mittelschule freiwillig übernommen.

Paul spielt mit dem Stift, schaut aus dem Fenster. Schreibt nicht.

Dabei fällt ihm zum Thema Starksein eigentlich eine Menge ein.

Er findet seine Mutter stark, die sich jeden Tag von Frau Pferdekamp – der Bäuerin, bei der sie untergekommen sind – beleidigen lassen muss und die trotzdem immer wieder sagt: „Wir haben Glück.“

Er findet seinen Vater stark, der abends müde nach Hause kommt und trotzdem für Mama ein Bild gemalt hat. Paul, Susa, Papa und Mama sind darauf zu sehen, alle mit einem weinenden und einem lachenden Auge. Und als Titel hat der Vater darübergeschrieben: *Wir haben trotzdem Glück.*

Vor allem aber findet Paul stark, dass seine Schwester einer Klassenkameradin, die sie als dreckigen Flüchtling beschimpft hat, gesagt hat: „Ich bin ein Mensch.“ Das hätte er Susa gar nicht zugetraut.

Und dabei haben sie alle – auch er, Paul – viel von ihrer Kraft, ihrer Stärke verloren: auf der Flucht, und vielleicht auch schon vorher, im Krieg und all dem Schlimmen. Doch die Stärke wird wieder wachsen, ganz langsam und neu.

Paul ballt die Hand in der Tasche zu einer Faust. Ja, er hat eine Menge zum Starksein zu sagen. Aber das geht Herrn Bruhns und die anderen nichts an.

Als Bruhns die Zettel einsammelt, gibt Paul ein leeres Blatt ab.

Herr Bruhns schüttelt traurig den Kopf. Doch von hinten höhnt einer: „Schreiben habt ihr da drüben wohl nicht gelernt, was, Flüchtling?“

Das Wort „Flüchtling“ geistert seit ihrer Ankunft immerzu herum. Paul hört es auf dem Schulhof, im Klassenzimmer, im Dorf, auf dem Heimweg und auf dem Sportplatz. Es klingt immer etwas verächtlich, ein bisschen nach einem Schimpfwort. Armut steckt darin, sogar etwas von Dummheit. Nichtsnutzig sein und faul. Vor allem aber Nichtdazugehören und Ausgestoßensein.

Paul sucht den Spötter mit dem Blick. Sagt nichts. Starrt ihm nur in die Augen. Da sieht der Junge weg, packt seine Sachen zusammen. Diesmal hat Paul gewonnen.

Auch das ist Stärke.

Das letzte Stück der Flucht war einfacher. Aber auch voller Enttäuschungen. Die Briten, die Paul und seine Familie nach ihrer Flucht in Empfang genommen hatten, setzten sie in einen Zug. Der Zug war voll von Menschen, die geflohen waren. Allen sah man die Erleichterung an. Aber auch Angst und Unsicherheit waren in den Gesichtern zu lesen: Würden alle es schaffen, irgendwo heimisch zu werden?

Die Angst hatte gewechselt, hatte sozusagen eine andere Farbe angenommen. Bisher war es die Angst ums nackte Überleben gewesen. Jetzt war es die Angst, kein Zuhause mehr zu haben. Und ohne Geld und ohne Arbeit zu sein.

Pauls Zugnachbar verkündete strahlend: „Wir fahren zu Verwandten." Das war einfacher. Aber Paul hatte keine Verwandten im Westen.

Der Vater lächelte ihm trotzdem zu.

Der Zug hielt auf dem Braunschweiger Bahnhof. Sie wurden auf einen Lastwagen verladen und in einem Flüchtlingslager in Börßum, südlich von Braunschweig, abgesetzt. Von dort aus sollten sie weiterverteilt werden, und alle waren gespannt, wo sie schließlich landen würden.

Die allererste Erfahrung im Lager war allerdings schrecklich. Sie wurden gegen Läuse desinfiziert. Alles wurde mit DDT vollgepustet: der Kopf, die Ärmel und die Hosenbeine. DDT gab es reichlich – aber würde es auch so viel Brot geben?

DDT *Abkürzung für: Dichlordiphenyltrichlorethan (Insektenbekämpfungsmittel, seit den 1970er-Jahren verboten)*

Anschließend wurden die Eltern in die Verwaltung gerufen. Paul und Susa warteten lange. Es dauerte und dauerte.

„Im Grunde müssen die doch ihr ganzes Leben erzählen, wenn wir jetzt in der britischen Besatzungszone bleiben wollen", sagte Susa.

Flüchtlingslager

Dann, endlich, kamen Mama und Papa aus der Lagerverwaltung. Sie berichteten, die Flüchtlingsbehörde würde sich bemühen, für alle Familien einen Platz zu finden, wo sie für die Zeit des Neuanfangs wohnen könnten.

Beim Wort „Neuanfang“ strahlte Papa.

„Im Frieden in die Sonne blinzeln“, sagte Mama. „Das Gefühl kennen wir schon gar nicht mehr.“

Paul kramte seine Mundharmonika aus dem Köfferchen. Zum ersten Mal seit langer Zeit spielte er wieder. Es war ein warmer, langer Abend, und die Töne, die er fand, klangen bis in die Nacht hinein. Hoffnung schwang darin mit.

Und es war wunderbar, danach ein Bett vorzufinden, wenn auch nur ein Feldbett aus gespanntem Segeltuch in einem Schlafraum für zwanzig Personen, die Kojen nur durch Betttücher voneinander abgetrennt.

Hinter der Schlafbaracke lag die Küchenbaracke. Da konnte man sich morgens, mittags und abends richtiges Essen abholen. Sie kamen sich vor wie im Himmel.

Auch Waschräume gab es: lange Bottiche, Zinkwannen, darüber Wasserhähne. Sogar ein paar Duschen! Da konnte man sich endlich wieder ordentlich waschen. Anders, als wenn man beim Bauern im Stroh geschlafen hatte und dann morgens an der Pumpe im Hof nur eben das Gesicht wusch, weil man sich schämte, sich im Freien auszuziehen.

Nur die Toiletten waren weniger gemütlich. Ein Holzverschlag mit fünf Löchern, darunter Finsternis. Und da es sehr warm war, krabbelten oft die Fliegen auf dem Po herum. Wenn das Klo besetzt war, konnte man das von außen durch ein rundes Loch in der Tür sehen.

Es ließ sich leben im Lager Börßum. Doch nach ein paar Tagen ging es wieder fort, zweihundert Kilometer mit dem Lastwagen über Berg und Tal. Aus dem Fenster sah Paul die verbrannte Erde, die der Krieg zurückgelassen hatte. Dazwischen aber auch Dörfer, die verschont geblieben waren. Saftige Weiden wechselten ab mit gelben Getreidefeldern und kühlen Laubwäldern. Den Hügeln folgte die weite Ebene. Am schönsten aber waren die Alleen. Sie führten meistens auf ein Bauernhaus zu. Das wirkte so anheimelnd. Und Obstbäume säumten die Straße zu einem Dorf.

„Äppelbaumchaussee nennt man die hier", erklärte der Fahrer bei einer kurzen Rast.

Dann fuhren sie weiter auf das Dorf W. zu: ihr neues Zuhause.

Mama und Papa lächelten.

Doch auf dem Bauernhof, auf den sie eingewiesen wurden, empfing sie die Bäuerin mit den Worten: „Das ist eine Zwangseinweisung."

Frau Pferdekamp führte sie in ein Zimmer mit einem rohen Bettgestell, darin ein Strohsack, drei weitere Strohsäcke auf dem Boden, ein Tisch, drei Stühle. An der Decke über dem Tisch eine nackte Glühbirne. Hinter den Ställen ein Plumpsklo und draußen im Hof eine Wasserpumpe.

„Dann sehen Sie mal, wie Sie zurechtkommen!", sagte Frau Pferdekamp und ging.

„Und was machen wir jetzt?", fragte Mama verzagt. „Wir haben kein Handtuch, keinen Löffel, keinen Teller."

Sie gingen zur britischen Kommandantur am Bahnhof.

„Die Bauern sind angewiesen, Ihnen das Notwendigste zu geben", erfuhren sie dort. Immerhin gab man ihnen vier Blechteller, ein Messer, vier Löffel und vier Gabeln.

Als sie zurückkamen, sagte Frau Pferdekamp: „Wenn Sie arbeiten, bekommen Sie auch ein Handtuch."

Es war wie eine Ohrfeige.

16

Und hier sind sie jetzt.

Allmählich lernen sie den Hof kennen. In dem lang gestreckten Bauernhaus befinden sich Stallungen und Wohnteil unter einem Dach. Wenn man durch das breite Deelentor hineinkommt, stehen in der ersten Deele rechts die Pferde, links ist ein langer Kuhstall, da stehen die Kühe, und dahinter, in einer weiteren Deele, ist das Klo, ein richtiges Plumpsklo. Hinter den Ställen, in der ersten Deele links, kommt man in die Küche. Geradeaus gelangt man zu den Wohn- und Schlafräumen. Und am Ende des Flurs liegt als Letztes ihr Zimmer. Von dem Zimmer führt sogar eine Tür nach draußen, aber den Schlüssel zu dieser Tür will ihnen die Bäuerin nicht geben. „Wer weiß, wohin dann meine Sachen kommen."

Deele *Diele (plattdeutsch)*

Die Kinder gehen bald zur Mittelschule im größeren Nachbarort, ein Gymnasium gibt es nicht.

Sie haben ihr Zimmer mit Tisch und Stühlen und vier Strohsäcken. Sie haben vier Blechteller, vier Löffel, vier Gabeln und ein Messer. Um alles andere müssen sie betteln. Sie haben kein Geld. Die Essensausgabe der Briten sorgt gerade fürs Überleben.

Die Eltern arbeiten auf dem Feld. An den Tagen, an denen sie arbeiten, bekommen sie abgewogenes Brot, zweihundertfünfzig Gramm für jeden. An den anderen Tagen bekommen sie nichts. Mit einem verächtlichen Grinsen sagt Frau Pferdekamp: „Jeder kriegt, was er verdient."

Sie können noch nicht einmal Erntereste sammeln. Bei der Ährenlese werden sie vom Feld gejagt. Und beim Kartoffelnachlesen wird man sicher auch verscheucht. Doch bei der Kartoffelernte stellt sich heraus: Andere Bauern sind freundlich. Es gibt sogar einen Bauern, dessen Hof leider ziemlich weit entfernt ist, der lässt extra für die Nachsammler ein paar Reihen Kartoffeln stehen. Da wandern die Leute dann schon zeitig hinaus und lauern am Feldrand, ob das Feld bald freigegeben wird. Und dann stürzen sie sich darauf, jeder mit einem Sack oder einem alten Eimer bewaffnet. Kleine Kinder sind oft schneller. Die kriechen mittendurch. Und dann sind sie stolz, wenn ein Säckchen voll ist.

Dorthin gehen sie zweimal. Und da Paul und Susa ganz schön flink sind, lohnt sich der weite Weg allemal.

Aber an solchen Tagen können sie nicht bei Pferdekamps arbeiten und bekommen das auch sofort vorgehalten.

Sie sollen sich bei Pferdekamps zwar selbst versorgen. Pferdekamps erwarten aber, dass sie jederzeit für sie greifbar sind. Für jede Art von Arbeit.

Die Kinder der Pferdekamps, Heinz und Hannah, beide etwas älter als Paul und Susa, spucken vor ihnen aus. Sie behandeln sie so, wie ihre Eltern es ihnen vormachen.

Die Pferdekamps betreiben neben dem Bauernhof noch eine Mühle und mahlen das Korn der Bauern gegen Geld. Sie gehören zu den reichen Bauern am Ort.

„Arbeiten!“ Die Bäuerin klatscht in die Hände. „Weiter, weiter.“ – „Erst die Arbeit, dann das Essen.“ – „Wo kämen wir sonst hin? Die lasche Art liegt mir nicht.“

Von Nachbarn erfahren sie manchmal kleine Gesten der Freundlichkeit, der Hilfsbereitschaft. Herr Zimmermann, der Bauer vom nächsten Hof, bewundert Papas Mut und bietet ihm eine seiner kostbaren Zigaretten an. Und Frau Zimmermann öffnet einfach ihren Kleiderschrank und teilt mit Mama. Sie haben die gleiche Größe.

Von Zimmermanns holt Paul auch jeden Tag die Zeitung vom Vortag. Die lesen sie begierig. Und aus den alten

Zeitungen wird dann Klopapier geschnitten, oder sie werden als Lappen zum Fensterputzen oder zur Auspolsterung von Susas zu großen Holzschuhen verwendet.

Frau Zimmermann zischt nicht „Flüchtling“. Sie redet Mama mit „Frau Kollatsch“ an. Und es schwingt in ihren Worten Freude mit, dass Mama hilft, dass Mama da ist und dass es ihr schmeckt.

Aber leider lebt die Familie Kollatsch eben auf dem Pferdekampschen Bauernhof, und da herrschen Unfreundlichkeit und kalte Abweisung. Die Bäuerin erlaubt Mama erst nach neun Uhr abends, in der Waschküche die wenige Wäsche zu waschen, die sie haben. Aber zur Kirche fahren Pferdekamps jeden Sonntag mit der Kutsche, und jeden Mittwoch probt bei ihnen der Kirchen-Posaunenchor. Vor jeder Mahlzeit wird das Tischgebet gesprochen. „Unser tägliches Brot gib uns heute ...“ Doch im Zimmer der Familie Kollatsch ist der Hunger ständiger Gast.

Die Essensausgabe der Briten, im größeren Nachbarort, sorgt für die einzige regelmäßige Mahlzeit des Tages. Da zieht die Mutter mittags mit dem Henkelmann hin, den sie auf einer Müllkippe gefunden hat. Zu Fuß in brütender Hitze, bei Regen und Wind, vier Kilometer hin, vier Kilometer zurück. Es sind dünne Suppen oder magere Eintöpfe, manchmal mit kleinen Fitzeln Speck. Frau Bohnekamp, die das Essen ausgibt, zwinkert Mama manchmal zu und fischt extra tief, sodass beim Löffeln acht oder zehn Speckstücke zu finden sind, die sie gerecht untereinander aufteilen.

Henkelmann *Behälter aus Blech, um Essen zu transportieren*

Zum Abendessen gibt es das, was die Eltern für ihre Arbeit auf dem Hof oder auf dem Feld erhalten haben. Manchmal muss Mama auch im Garten von Frau Pferdekamp Unkraut jäten. Der Gemüsegarten liegt direkt vor dem Zimmer der Familie Kollatsch. Da hängen die grünen Bohnen prall. Zwischen den Salatköpfen wachsen Petersilie und Kräuter gegen Blattläuse. Die Rosen am Rand des Gartens haben Mehltau. Frau Pferdekamp schimpft. Rosen, Dahlien, Lobelien. Kapuzinerkresse drängt sich überall dazwischen. Die Mutter macht zum Abendessen aus den Abfällen und dem Unkraut – Brennnesseln und Spitzwegerich, Kapuzinerkresse und Rosenblätter – einen Salat. Vielleicht mit einem Tropfen Essig.

Der Hunger begleitet Paul morgens, mittags und abends. Paul ist in der letzten Zeit sehr gewachsen. Sein Körper verlangt nach nahrhaftem Essen, das er nicht bekommt. Der Hunger zwickt im Bauch, lässt ein hohles Gefühl entstehen, macht den Kopf leer und den ganzen Organismus träge.

Paul versucht, nicht an Essen zu denken. Vielleicht kann er sich so an den Hunger gewöhnen. Aber an Hunger gewöhnt man sich nicht.

Die Schule liegt im größeren Nachbarort. Der Weg führt an den Feldern entlang. Meistens trifft Paul auf Otto, der am Ende des Dorfes wohnt und in die gleiche Klasse geht. Sie gehen den Rest des Weges gemeinsam, beide in Holzschuhen, ausgestopft mit Stroh. Sie reden kein Wort miteinander. Vier Kilometer hin, vier Kilometer zurück. Jeden Morgen und jeden Mittag.

Auf einem Nachhauseweg stolpert Otto plötzlich. Der rechte Holzschuh zerbricht, Otto liegt mitten auf dem Weg. Er stöhnt vor Schmerzen. Hinter ihnen kommen die „Einheimischen“ aus W. Die bleiben immer unter sich und reißen dumme Witze über die anderen, die Flüchtlinge.

Natürlich lassen sie diese Gelegenheit nicht aus. Spotten über die Waschlappen, die Feiglinge. Der dicke Wissmann will sogar auf Otto drauftreten mit der Bemerkung: „Das hier ist unser Weg, da darf kein Flüchtling liegen.“

„Vor allem nicht so lang und platt wie der da“, lacht ein anderer.

„Kannst dich ja woanders ausruhen, Faulpelz.“

Schnell reißt Paul Otto hoch und zur Seite. Otto murmelt ein Danke zwischen vor Schmerz zusammengebissenen Zähnen. Die anderen Jungen ziehen spottend und johlend weiter.

Auftreten kann Otto nicht. Der Fuß ist jetzt schon geschwollen. Da hängt Paul ihn sich, ohne zu zögern, über die rechte Schulter und schleicht langsam weiter. Ottos Gewicht drückt. Verflixt. Das schafft er nicht! Genau in dem Augenblick kommt vom Friedhof der alte Staukamp mit seiner Schubkarre.

„Komm, leih ich euch, Jungs. Müsst ihr mir nur heut Nachmittag zurückbringen.“ Er erklärt kurz, wo er wohnt, und humpelt mit einem Lächeln weiter. Schon sitzt Otto in der Schubkarre, und Paul schiebt ihn bis vor seine Haustür.

Sie verlieren kein Wort mehr über die Angelegenheit.

Aber eine Woche später fragt Otto in der Schule, ob Paul Lust hätte, einmal mit ihm und seinem großen Bruder angeln zu gehen.

Und wie er Lust hat! Nur eine Angelschnur, die hat er nicht.

„Kein Problem“, Otto zwinkert ihm zu.

Schon am gleichen Nachmittag suchen sie zusammen nach guten Würmern, die sie in einem Marmeladenglas mit Erde aufbewahren. Otto redet nicht viel, aber Paul erfährt, dass er auch aus Schlesien, Gleiwitz, stammt; dass sein Vater in Russland gefallen ist und alle anderen Verwandten wahrscheinlich beim Bombenangriff auf Dresden umgekommen sind; dass Otto jetzt mit seinem Bruder Hermann und seiner Mutter hier lebt.

Und dann gehen sie angeln. Hermann weiß einen guten Angelplatz. Der See liegt still da, die Wasseroberfläche bewegt sich kaum. Weiße Wolken schwimmen am Himmel. Wortlos reicht Hermann Otto und Paul ihre Angeln. Sie sind selbst gemacht, aus Stöcken, einer dünnen Schnur und Haken, die aus Draht gebogen sind. Ein Wurm wird daraufgepiekst, dann werfen sie die Angeln aus. Die drei Jungen hocken auf Steinen am Ufer und sehen zu, wie die Korken auf dem Wasser tanzen. Manchmal huscht ein Fisch direkt unter ihnen vorbei. Der Himmel spiegelt sich gräulich auf der glatten Wasseroberfläche und wölbt sich in zartem Blau über ihnen.

Alles ist so friedlich, denkt Paul.

Da geht sein Korken unter Wasser. Hermann hockt sich sofort nah zu ihm.

„Jetzt musst du den Fisch vorsichtig heranholen."

Paul zieht langsam an der dünnen Schnur und wickelt sie sich um die Hand. Da lugt der Fisch schon aus dem Wasser. Eine große Forelle! Paul löst sie vom Haken, schielt dabei aber vorsichtig zu Hermann. Da liegt der Fisch nun zappelnd auf den Steinen. Paul zittert. Er weiß, was jetzt kommen muss. Er hat ein Messer in der Tasche. Ottos und sein Blick treffen sich. Paul hat noch nie ein Tier getötet. Ob es dabei Schmerzen hat? Er kann das nicht ... Gerade will er Hermann bitten. Da nickt Hermann ihm zu. Otto nickt ebenfalls. Da nickt auch Paul, nimmt sein Messer und sticht zu. Ein kurzes Aufbäumen, dann fällt der Fisch auf den Stein. Die Schuppen glänzen. Paul legt den Fisch fast liebevoll in seine Blechdose. Die Mutter wird sich freuen! Paul lächelt.

Sie fangen noch drei Fische. Als sie am Abend mit ihren vollen Dosen nach Hause ziehen, ist Paul ein bisschen traurig, weil er den Fisch töten musste.

Vor allem aber ist er stolz.

Und das Allerbeste ist, dass Otto und er jetzt Freunde sind.

Abends schreibt der Vater Bewerbungen. Um zum Schreiben mehr Licht zu haben, stellt er einen Stuhl auf den Tisch, direkt unter die Fünfzehn-Watt-Glühlampe an der Decke, und legt als Unterlage ein kleines Holzbrett auf seine Knie. So schreibt er Abend für Abend. Bisher ohne Erfolg.

Die Mutter wäscht jeden Abend. Pauls gesamte Garderobe besteht aus zwei Unterhosen, zwei Hemden, einer Hose und einem Pullover. Susa wird ausgelacht, weil ihr Rock zu kurz ist. Sie weint und will nicht eher wieder zur Schule gehen, bis sie einen neuen Rock hat. Hedwig zischt ihr „Flüchtlingsschlampe" zu. Aber Lene ist ihre Freundin. Sogar eine Freundin mit Fahrrad. Auf dem flitzen sie nachmittags um das Spritzenhaus der freiwilligen Feuerwehr und den Dorfteich. „Enten aufscheuchen" nennen sie das.

Die Familie hat für ihren eigenen Bedarf ganz hinten am Feldrand hundert Quadratmeter völlig verunkrautetes Ackerland zugewiesen bekommen. Dorthin gehen sie oft am Abend und sammeln auf dem Hinweg Pferdeäpfel als Dünger. Zum Bewässern müssen sie die Eimer fünfhundert Meter weit schleppen. Das ist mühsam. Aber es wird! „Wir schaffen es", sagt Paul und gießt ein paar winzige grüne Blättchen. Der kleine Acker ist fast so etwas wie ein Zufluchtsort. Da sind sie allein, und plötzlich stimmt die Mutter ein Lied an. Wie von selbst fällt Paul mit ein. Und so singen sie endlich wieder gemeinsam. Das ist auch eine Art von Nahrung, ein Vorrat an Farbe, Mut und Kraft für den nächsten Tag.

Susa hat eine Brust bekommen. Sie schämt sich. Mama leiht ihr ihren hässlichen, glänzenden Büstenhalter. Susa wird von den anderen Mädchen ausgelacht. Nur Lene nimmt sie in Schutz und sagt, sie seien dumme, eingebildete Gänse. „Schämen sich selbst wegen ihrem Busen, aber verspotten andere." Dass Lene sich das traut! Denn als sie „Busen" sagt, werden alle rot. Aber Lene ist so: offen, ehrlich und direkt. Sie nimmt Susa vor allen in den Arm und erklärt: „Susa ist meine beste Freundin. Von der könnt ihr alle euch mal eine Scheibe abschneiden." Danach fühlt sich Susa viel besser.

Paul befreundet sich immer mehr mit Otto. Eines Tages entdecken sie bei Otto auf dem Speicher ein altes Klavier. Paul öffnet vorsichtig den Deckel. Er schlägt ein paar Tasten an. Aber Otto will lieber erst Frau Wiese fragen, der das Klavier gehört. Frau Wiese sagt: „Spielt, so viel ihr wollt. Ich hab meine Freude dran." Und wenn Paul dann wirklich, zögernd, spielt, legt Frau Wiese unten das Ohr an die Wand und sagt: „Wunderbar, endlich ist wieder Leben im Haus."

Bei Pferdekamps dann wieder die Enge des kleinen Zimmers. Tagsüber schieben sie die vier Strohsäcke in eine Ecke. Der Tisch kommt in die Mitte.

Paul pfeift. Susa ist genervt. „Kannste nicht mal was Vernünftiges pfeifen?"

Mama sitzt abends noch lange, flickt und näht und hat das Deckenlicht an.

Susa wälzt sich in der Ecke auf ihrem Strohsack: „Ich kann bei Licht nicht schlafen."

Die Eltern machen das Licht aus. Aber um zehn Uhr kann Papa beim besten Willen noch nicht schlafen. Er ist ein ausgesprochener Nachtmensch. Jetzt wälzt sich Papa in der anderen Ecke. Schließlich steht er auf und spaziert im

Kuhstall auf und ab. Da kommt ihm Oma Pferdekamp entgegen: „Können Sie auch nicht schlafen?“

Oma Pferdekamp ist immer ganz in Schwarz gekleidet, schwarzes Kleid, schwarze Schürze. Sie ist über neunzig Jahre alt. Die einzige gute Seele in dieser Familie. Wenn die Luft rein ist, kommt sie an die Tür der Familie Kollatsch und holt aus ihrer Schürzentasche ein oder zwei Eier, ein kleines Stück Speck oder ein Ende Dauerwurst, gerade nur so viel, dass es ihrer Schwiegertochter nicht auffällt.

Nachdem Papa schließlich wieder unter die Decke gekrochen ist und gerade dabei ist einzuschlafen, bekommt Paul einen Hustenanfall. Er hat schon seit zwei Tagen Halsschmerzen. Mama steht auf und macht ihm einen Halswickel. Paul trinkt einen Schluck Wasser. Susa wälzt sich. Mama streichelt sie: „Tut mir leid, Susa. Aber was sollen wir denn machen?“

Alle schlafen, wenn um fünf Uhr früh der Wecker rasselt. Der Vater muss raus. Sonst kommt er nicht pünktlich zum Melken in den Stall. Er greift das Stück Brot, das ihm Mama immer abends auf den Tisch legt. Er streichelt Mama über die Haare. „Schlaf noch ein bisschen.“ Dann schleicht er in den Flur und durch den Stall in den Hof hinaus. Da wäscht er sich wie jeden Morgen an der Pumpe, um ja keinen zu stören. Außerdem dürfen sie das Badezimmer höchstens mal nachmittags benutzen, wenn Pferdekamps es nicht brauchen.

Und die Mäuse! Die sind eine echte Plage. Morgens, mittags und abends verscheucht Mama die kleinen Nagetiere. Nachts laufen sie über das Gesicht. Schließlich ergattert Mama drei Mausefallen. Die stellen sie abends um sieben Uhr auf. Um zehn sind bestimmt schon drei Mäuse drin und bis zum Morgen wieder drei. Die Mäuse wollen an das Korn, das die Familie mühsam auf dem Feld gesammelt hat. Die Mäuse klettern hinten zwischen der Schrankwand und der gemauerten Wand hoch. „Das kann nicht wahr sein", sagt Mama. Aber die Mäuse bleiben so lange eine Plage, bis sie auf dem Hof zwei Katzen haben. Da meint Susa: „Jetzt tun mir fast die Mäuse leid."

So vergehen die Tage und die Nächte. Die bedrängende Enge. Die Feuchtigkeit. Das Geduldetsein. Und nichts gehört ihnen.

Mama fragt Frau Pferdekamp, ob sie am nächsten Tag einmal länger in die Waschküche könne. Vor allem schon früher, weil sie die wenigen Laken, die sie besitzen, waschen müsse. Sie fragt auch, ob sie die Wäsche anschließend auf dem großen warmen Trockenboden aufhängen dürfe. Sonst würde sie nicht trocken.

Die Pferdekamp sagt immer erst mal nein. Danach nennt sie einen späteren Zeitpunkt. Mama nickt. Einverstanden. Sie hat wieder einmal den Kopf eingezogen.

„Also übermorgen."

Doch zwei Tage später beschwert sich Frau Pferdekamp, dass Mama nicht mit aufs Feld geht. Mama erklärt, dass sie doch waschen müsse. Sie weint. Frau Pferdekamp sagt, auf die Heulerei falle sie nun gar nicht herein. Und sie fügt noch hinzu, mit den Flüchtlingen, diesem hergelaufenen Pack, gäbe es ohnehin nichts als Ärger. Mama schweigt, traurig und verletzt.

Eine erfreuliche Nachricht gibt es trotzdem: Papa hat in der Kreisstadt Lübbecke eine Arbeit als Schlosser gefunden. „Einem Ingenieur ist nichts zu schwer", scherzt er. Jetzt muss er um fünf Uhr früh drei Kilometer zur Bushaltestelle laufen, dann fünfundvierzig Minuten mit dem Bus fahren, damit er um sieben Uhr an seinem Arbeitsplatz ist. Das wird natürlich den Pferdekamps nicht gefallen, verlieren sie doch eine billige Arbeitskraft.

Bücher haben sie keine mehr. Die mussten sie bei Oma in Burkhardtsdorf zurücklassen. Da erzählt Mama Geschichten wie früher, als sie noch klein waren. Susa mault. Paul gähnt. Manchmal bringt Susa, obwohl das verboten ist, vom Klo zerschnittene Seiten aus Illustrierten mit, die dort als Klopapier hängen. Da stehen natürlich nur Bruchstücke drauf. Das Fehlende müssen sie sich zusammenreimen.

Oder Mama singt Lieder wie früher. Aber sie schämt sich ein bisschen hier in dem Zimmer mit den dünnen Wänden. Und außerdem: Wenn Frau Pferdekamp sie gerade wieder verletzt hat, sind auch die Lieder verstummt.

Bei Otto unterm Dach spielt Paul fast jeden Nachmittag Klavier. Er hat zwar keine Noten, aber Paul improvisiert. Das Klavier ist verstimmt, es klingt alles recht kläglich. Und trotzdem sagt Frau Wiese fast immer, wenn er geht: „Schade, es war gerade so schön."

Immer öfter ist Paul bei seinen Angeltouren mit Otto und Hermann erfolgreich. Und wenn er einen Fisch mit nach Hause bringt, ist das jedesmal ein Fest. Da muss Mama allerdings warten, bis sie in der Pferdekampschen Küche an den Herd darf. Abends hat sie oft Glück. Da ist die Oma allein und räumt noch die Küche auf. Dann wird der Fisch in Butter gebraten, die Oma Pferdekamp mit einem Augenzwinkern schnell in die Pfanne tut, und es gibt sogar ein paar Blättchen Salat dazu.

17

Der Vater verdient zwar jetzt als Schlosser etwas Geld, doch gibt es dafür in den Läden nichts zu kaufen. Die Schaufenster sind genauso leer wie die Regale dahinter. Was nützen da die Lebensmittelmarken? Hin und wieder gibt es Maisbrot, ein paar gesalzene Heringe, ein halbes Pfund Sauerkraut, Puddingpulver oder Zitronat aus alten Beständen. Bis auf das Brot alles Dinge, die nicht besonders nahrhaft sind.

Vieles bekommt man nur auf dem Tauschweg. Schulhefte gegen alte Zementtüten, Öl gegen gesammelte Bucheckern, ein paar Kleiderhaken oder Schreibfedern gegen Altmetall. Buntmetalle sind am begehrtesten, dafür bekommt man auch mal einen Kochtopf. Die Ladenbesitzer horten ihre geringen Vorräte, weil sie sich für Geld auch nichts kaufen, aber Rohstoffe wie Buntmetall wiederum auf dem Tauschweg gut an den Mann bringen können.

Wenn die Kollatschs gar nichts mehr zu essen haben, gehen Paul und Otto mit einer Sackkarre von Hof zu Hof betteln. Es gibt geizige Bauern, hin und wieder auch großzügige. Die letzte Hoffnung ist immer Frau Zimmermann. Und so kommen sie manchmal mit ein paar Eiern, ein bisschen Butter, einer Kanne Milch oder Kartoffeln und selbst gebackenem Weizenbrot nach Hause. Susa lehnt es ab, zu betteln, auch weil sie Angst vor den Hofhunden hat.

Paul ist in der Schule beliebt, vor allem, weil er am schnellsten rennen kann. Und er ist musikalisch und hat eine schöne Stimme, er kann singen und sogar Klavier spielen. Und so holt ihn die Musiklehrerin, Frau Thiemann, häufig ans Klavier. Da gibt es auch Noten, und Paul darf sie sich zum Abschreiben ausleihen.

Aber schon am nächsten Tag lachen ihn die Einheimischen wieder aus wegen seiner Holzschuhe, die mit Stroh und Zeitungspapier ausgestopft sind, und seiner Hose aus einem alten Wehrmachtsmantel.

Ein anderes Mal machen sie sich über Paul lustig, weil er anders aussieht, fremdartig, mit seinen schwarzen lockigen Haaren und seinen langen schlaksigen Beinen. Dunkle Haare sind hier immer noch ein Makel. Auch wenn er die Haare jetzt straff, rechts gescheitelt trägt. Alle anderen sind nämlich mittelblond oder allerhöchstens dunkelblond.

Trotzdem. Paul mag sich, sieht sich gern im Spiegel. Nur zu dünn ist er. Er hat ja auch immer Hunger.

„Schwarze Spinne", rufen sie.

Endlich nicht mehr fremd sein, das wäre schön.

Da setzt Paul sich hin und malt Kreise auf eine alte Zeitung: Fremdsein, überlegt er, muss etwas mit Angst zu tun haben. Wenn die anderen vor ihm Angst haben, weil er fremd ist, dann verstecken sie diese Angst hinter Angeberei und Schadenfreude.

Wie schafft er es, dazuzugehören? Er kritzelt Kreise und Kreise. Das ganze Papier voll.

„Du verbrauchst unsere ganzen Stifte", schimpft Mama.

Er wirft den Stift in die Ecke.

Ihm gehört nichts. Nicht mal seine Unterhose. Auch nicht der Stift. Und für alles muss man danke sagen. Und mit allem sparsam umgehen. Noch nicht mal Kreise malen!

Auf dem Schulhof erpressen sie ihn: „Wenn du das und das für uns tust, Schwarzer, dann kriegst du einen Radiergummi." Sie sagen „Schwarzer", weil sie wissen, das verletzt.

Sie kosten ihre Macht aus. Paul ballt die Fäuste – noch – in den Taschen.

Schließlich spricht er mit Papa darüber. Papa sagt: „Ich hab auch eine Wut, eine Scheißwut. Aber wohin damit? Eigentlich haben wir Deutschen doch alle den Krieg verloren. Und alle zusammen große Teile unseres Landes. Eigentlich müssten wir alle Platz machen und teilen. Aber die, die immer hier waren“, der Vater hustet, „denen gehört eben alles. Und sie kennen nicht das Abschiednehmen und das Fremdsein. Sie fürchten nur, dass sie abgeben müssen. Sie wollen nicht teilen. Sie sagen: alles meins. Oder: Bleibt doch, wo ihr herkommt. Sie nennen uns Schmarotzer.“ Er drückt Pauls Hand so fest, dass es wehtut. Als balle er seine und Pauls Hand zu einer gemeinsamen Faust.

„Sie übernehmen nicht ihre Verantwortung als Deutsche in diesem Land.“

Das mit der Verantwortung hat Paul nicht ganz verstanden. Aber das mit der Faust, das hat er kapiert.

Manchmal versucht Paul auch, den Starken zu spielen.

Zum Beispiel, als einer aus der siebten Klasse Streit sucht. Lutz ist stark. Aber Paul auch. Und als schließlich Paul auf Lutz sitzt und die Meute schreit: „Eins, zwei, drei …“, und bei zehn erhebt man sich, das ist eine Frage der Ehre, da klopfen sie ihm auf die Schulter: „Du bist der Stärkste.“ Dabei ist Paul nur schnell, beweglich und sehr geschickt.

Einige schleichen sich von hinten an: „Das ist unfair. Der geht auf Kleine. Der ist ja auch ein Flüchtling und will sich nur alles grapschen.“ Dabei ist Lutz älter und kräftiger, nur nicht so lang wie er.

Wie kann er dagegen ankommen? Es muss sich etwas ändern.

Da bricht Paul auf. Er geht zur britischen Verwaltung am Bahnhof. Dort, wo auch die Essensausgabe ist.

„Ich will arbeiten“, sagt er.

„Das wollen viele.“ Der Engländer hinter dem Schreibtisch lacht.

„Ich tu alles.“

„Alles? Und was willst du dafür haben?“

„Schokolade, Kaugummi, Zigaretten. Alles. Kein Geld.“

Nun muss er nach der Schule fegen, abspülen und Mäuse fangen. Auch Laufbursche ist er für die Offiziere, da bekommt er manche Kleinigkeit zugesteckt, und Englisch lernt er so nebenbei.

Kasino *hier: Räumlichkeiten für Offiziere – für die Mahlzeiten, zum Aufenthalt außerhalb des Dienstes und für Veranstaltungen*

Als Lohn erhält er vom Kasinoleiter Kaugummi, Schokolade und gelegentlich auch Zigaretten, die kann er tauschen – gegen Brot, Butter, Wurst, eigentlich gegen alles. Zigaretten sind besonders begehrt. Aber auch Kinokarten bekommt er.

Pauls Leben ist bunter geworden. Er besitzt jetzt sogar eigenes Papier und zwei Bleistifte, die hat er in der britischen Schreibstube bekommen. Er macht sich Listen von allem, was er zum Tauschen hat, und von dem, was er noch haben will. Ein kleines Lager hat er sich hinter den Strohschütten eingerichtet. Mama geht da nicht dran. Das ist seins. Das hat Paul ihr genau erklärt.

Paul blüht auf. Er sammelt Bucheckern und tauscht sie gegen Öl, er liest alte Zigaretten auf, zieht den intakten Tabak heraus und dreht daraus neue. Zigarettenpapier hat er gegen Zementtüten getauscht.

Er baut auf ihrem Stück Feld drei Kaninchenställe. Den Maschendraht hat Otto organisiert, die Nägel bekommt Paul von den Tommys, wie die Briten genannt werden. Das Futter für die Kaninchen sammeln Otto und er am Wegesrand.

Mama sagt schon: „Das wird ein guter Braten.“ Da zuckt Paul zusammen. Sein Kaninchen heißt Tom wie der Brite, der es ihm geschenkt hat. Er will es nicht töten. Und doch hat Mama recht. Dafür hat er die Ställe ja eigentlich gebaut. Aber er wusste nicht, dass man einen solch kleinen Tom dann auf einmal so lieb haben kann ... Er weiß genau, der dicke Wissmann und die andern würden sich totlachen, wenn er so etwas sagen würde.

Paul füllt Kartoffeln in Tüten und tauscht sie im Dorf gegen Zucker.

Abends knipst er im Kino Karten ab. Da sieht ihn der Mathelehrer.

„Das ist keine Beschäftigung für dich", sagt er scharf.

„Und das ist kein Film für Sie", sagt Paul grinsend. Der Mathelehrer pfeift durch die Zähne. Die Offiziere haben nämlich gesagt, das sei ein Film. Oh, là, là. Und er ist auch nicht jugendfrei.

Ein britischer Offizier hat das alles mitbekommen, lacht und schenkt Paul als Belohnung Schokolade und ein Paket Nägel. Das ist ein Schatz. Herr Zimmermann verspricht ihm dafür Fleisch für vier Sonntage.

„Das ist zu gefährlich", sagt Mama. „Schwarzhandel ist verboten."

„Das ist Tauschhandel", sagt Paul trocken.

Und Papa knöpft ihn sich vor: „So nicht, mein Sohn. Die Schule ist dein Beruf, das andere ist nebenher." Paul schnauft. Er weiß, es liegt auch an der Mathe-Vier. Aber Papa ist doch sonst nicht so. Färben die Pferdekamps schon ab?

Paul schlägt Vaters Ermahnungen in den Wind. Seine Warenecke nimmt immer mehr Platz ein, sein Schwarzhandel blüht. Er ergattert Erdnussbutter und eine nagelneue Hose für sich.

Susa klopft ihm auf die Schulter: „Mensch, Bruderherz, du mauserst dich."

Und dann organisiert Hermann sogar ein Paar Seidenstrümpfe für ihn. Er zeigt Susa seinen Schatz. Die pfeift anerkennend durch die Zähne.

„Was ist?", fragt Mama.

„Klappe zu, Affe tot", lacht Paul.

Da wird Mama böse. So könne er nicht mit ihr sprechen. Drehen jetzt alle durch?

Susa nimmt ihn in Schutz: „Mama, das ist wirklich geheim."

Für die Seidenstrümpfe findet Paul keinen Abnehmer. Bauersfrauen können mit Seidenstrümpfen nichts anfangen. Die zerreißen schon beim Anziehen den dünnen Strumpf mit ihren rauen Arbeitshänden. Und Flüchtlingsfrauen genauso. Außerdem haben die kein Geld. Da nimmt er sie mit zu den Tommys. Einer lacht: „Very good. Sogar mit Naht! Oh, là, là!"

Und Paul kann sich wieder einen Vorrat an Zigaretten und Schokolade anlegen.

„Junge, Junge", sagt Mama, legt aber an diesem Abend den Arm wieder liebevoll um ihn.

Paul gibt sogar Klavierstunden auf dem Speicher, bekommt dafür ein paar Groschen. Aber noch lieber spielt er für sich. Doch etwas fehlt ihm immer noch. Es kommt ihm so vor, als habe er in der Enge des Zusammenlebens und bei all den Verletzungen noch nicht seine Melodie wiedergefunden. Pfeifend, die Hände in den Hosentaschen, wandert er hinterher auf dem Feldweg nach Hause. Er schießt Steine vor sich her.

Wenn er am Klavier sitzt und spielt, tauchen nach und nach die Erinnerungen auf. An zu Hause, in Breslau, wo Mama sie oft morgens schon mit einem Lied weckte. Das war gut. Das gab Kraft, eine andere Art Mut. Er schließt sanft den Deckel des Klaviers. „Auf Wiedersehen, Frau Wiese", ruft er.

„Bis morgen“, antwortet Frau Wiese. „Komm wieder. Es ist so schön, wenn Musik im Haus ist.“

Susa hat an Regentagen Langeweile. Da kann sie sich nicht mit Lene am Dorfteich treffen und über alles reden, was sie bewegt. Und in ihrem Alter gibt es viele Dinge, die sie bewegen und über die sie nur mit Lene wirklich sprechen kann. Zu Lene nach Hause darf sie nur ganz selten. Das will Lenes Mutter dann doch nicht. „Wir haben schon genug Flüchtlinge im Haus.“

Heute ist wieder mal ein richtiger Regentag. Susa motzt. Mit ihrer Mutter versteht sie sich in letzter Zeit immer weniger. Alles hier nervt sie.

„Susa“, sagt Mama, „ich weiß ja, dass es schwer ist für dich. Aber du bist nicht die Einzige, die unter der Situation leidet.“

Susa ist wütend und funkelt mit den Augen: „Meinst du, ich will in den nächsten Jahren wie du Strümpfe stopfen, Hosen verlängern und um Essen anstehen?“ Susa holt Luft: „Da lob ich mir die Nazizeit. Da konnte man noch richtig was machen. Und an etwas glauben.“

„Susa“, sagt Mama und zieht das U ganz lang. „Wir glauben doch auch an etwas: an Menschlichkeit, an ...“

Da fällt Susa ihr ins Wort: „Menschlichkeit?“, fragt sie und lacht bitter. „Ist Frau Pferdekamp vielleicht menschlich? Diese alte Kuh?“ Und dann setzt sie noch eins drauf, weil sie weiß, dass es Mama kränkt: „Menschlichkeit ist mir außerdem viel zu langweilig.“ Und sie schnippt mit den Fingern in die Luft.

Eines Abends kommt Susa nicht heim.

„Sicher ist sie noch bei Lene“, beruhigt Mama sich selbst.

Als um halb acht Papa kommt und Susa noch immer nicht zu Hause ist, machen sich doch alle Sorgen. Paul soll sich bei Lene erkundigen.

Paul kommt zurück. Bei Lene ist Susa nicht, aber Lene ist auch nicht da.

Da hat Paul so eine Ahnung, aber er sagt lieber nichts. Wenn er mit seiner Vermutung recht hat, könnte es zehn Uhr werden.

Es ist acht, es wird neun Uhr. Keine Susa in Sicht.

Um zehn kommen Lene und Susa vergnügt auf Lenes Fahrrad angeflitzt.

„Wir waren im Kino. Regt euch bloß nicht auf. Ich bin schließlich kein Kleinkind mehr."

Mama ist erleichtert, aber auch empört.

Da rastet Susa völlig aus. „Diese vorwurfsvolle Miene und diese ständige Kontrolle. Das hält doch keiner aus."

Stille.

„Im Prinzip hat Susa recht", meint Papa nach kurzer Überlegung.

„Aber es gibt eine Grenze", sagt Mama. „Und die heißt: Du musst Bescheid sagen, wenn du später heimkommst."

Darauf verständigen sie sich, obwohl Susa noch weiter mault.

Paul grinst und meint: „Was für Susa gilt, gilt natürlich auch für mich."

Susa zischt, halb im Ernst, halb grinsend: „Schmarotzer. Du bist ein elender Schmarotzer."

Susa schminkt sich die Lippen mit Rote-Rüben-Saft. Damit die Lippen auch glänzen – und Susa hat wirklich schöne, volle Lippen –, schmiert man sie danach mit Speckschwarte ein. Schließlich ziehen Lene und Susa noch mit angekohltem Holz vorsichtig die Augenbrauen schwarz nach. Sie drehen sich bei Lene vorm Spiegel.

Als Susa durch die Tenne kommt, zischt Frau Pferdekamp: „Flittchen."

Tenne *fest gestampfter oder gepflasterter Platz in der Scheune*

Susa knallt die Zimmertür und sagt laut: „Die Langweilerin und Hetzkuh hat wieder mal was zu melden."

„Sei doch still", flüstert Mama. Für sie ist ein Widerwort in ihrer Situation undenkbar.

Sie traut sich auch nicht, Frau Pferdekamp um einen Ofen für ihr Zimmer zu bitten. Dabei läuft innen an der Wand das Wasser hinunter, wenn es draußen kalt ist. Schimmel bildet sich in den Ecken. Aber Frau Pferdekamp würde sowieso nur abwinken. Also wenden sich die Kollatschs ans Rote Kreuz. Mit dessen Hilfe bekommen sie tatsächlich einen Sägemehlofen. Das Sägemehl transportieren sie in großen Säcken auf einer Sackkarre vom drei Kilometer entfernten Sägewerk.

Je kälter es wird, umso öfter hört man nun das Wort „Kohlenklau". Sogar auf Plakaten ist er abgebildet – ein schwarzer Kerl mit einem Sack auf dem Rücken, der nachts umherschleicht. Heizmaterial ist knapp, und keiner will schließlich frieren. Kohlen stehlen ist natürlich streng verboten. Trotzdem ... Paul hört sich ein bisschen um und erfährt, dass auf einer in der Nähe vorbeiführenden Nebenstrecke Richtung Minden–Hannover nachts ein Güterzug durchfährt, der Kohle geladen hat und hier im Bahnhof hält. Das ist wichtig, denn den Mut, auf einen fahrenden Zug aufzuspringen, hat Paul nicht. Auch so ist es gefährlich genug: Der Zug hält nur kurz, man muss den Moment genau abpassen. Und Soldaten patrouillieren die ganze Zeit auf und ab.

Mit Otto sieht Paul sich den Bahnhof genau an. Das Dorf liegt an der einen Seite des Bahnhofsgebäudes, ein großes freies Feld an der anderen. Das Militär bewacht in der Hauptsache auf der Dorfseite. Das ist ihre Chance!

Und so stehen sie zwei Tage später klopfenden Herzens und in völliger Dunkelheit hinter den Gleisen und warten auf den Güterzug. Ihren Eltern haben sie gesagt, sie seien im Kino. Aber es wird spät und später.

Da, endlich, hören sie das Stampfen des nahenden Zuges. Eine schwere Lokomotive schiebt sich in den Bahnhof, die Loren mit Kohle beladen.

Als der Zug hält und sich danach die Stille wieder überall breitmacht, klettert Paul auf die Puffer zwischen zwei Wagen. Dann zieht er sich mit aller Kraft hoch bis zum Rand der Lore. Ein kurzer Blick zurück zu Otto, wie um sich zu vergewissern. Dann ein Blick zur anderen Seite.

Halt! War da nicht ein Geräusch? Paul hält den Atem an, bewegt sich nicht mehr. Er starrt in die Dunkelheit. Sein Herz klopft.

Kinder beim Kohlenklauen

Er hat schon gehört, dass so einer wie er jetzt einfach abgeknallt würde. Ein Schuss – peng – tot. Aber das war noch zur Nazizeit. Die knallen einen jetzt nicht mehr ab. Bestimmt nicht. Jetzt nicht mehr. Oder? Nein, die Briten bestimmt nicht. Das sagt Paul sich immer wieder vor. Seine Hände an den rostigen Rand der Lore gekrallt. Er selbst halb stehend, halb baumelnd.

Stille. Herzklopfen. Angst. Paul tastet sich weiter. Er kann die wachhabenden Soldaten auf der anderen Seite nicht sehen. Er lauscht. Nichts zu hören. Da beginnt er, Kohlen abzuwerfen. Das hohe Gras dämpft das Geräusch des Aufpralls, macht das Einsammeln für Otto aber schwerer.

Paul wirft und wirft. Der Kohleberg auf der Lore wird kaum kleiner. So riesig ist der hier oben. Der Kohleberg unten müsste dagegen schon ziemlich groß sein. Da pfeift Otto leise. Das heißt: „Achtung“ oder „Es reicht“. Otto pfeift noch einmal. Schärfer. Paul soll kommen. Schnell. Der Zug könnte bald wieder abfahren.

Paul will sich gerade von der Lore auf die Puffer hinabgleiten lassen, da steht ein britischer Soldat mit Blick genau auf den Zwischenraum der Waggons, in den er hineinwollte. Paul presst sich flach auf die Kohlen, sodass der Soldat ihn in der Dunkelheit nicht sehen kann. Das hofft er wenigstens. Er wartet. Wartet – eine Ewigkeit. Der andere bleibt stehen. Was ist, wenn er nicht geht, bevor der Zug abfährt? Die Angst schnürt Paul die Kehle zu. Soll er auf die andere Seite des Waggons klettern? Er versucht es, hangelt sich an der Außenwand entlang. Er blickt zwischen den Wagen durch, stellt sich auf die Puffer, lässt sich hängen, baumelt, springt. – Da geht ein Ruck durch den Zug. Der Zug fährt an. Das war Sekundenarbeit. Glück gehabt. Paul landet im Gras.

Otto hat die Kohlen schon eingesammelt. Jetzt müssen sie warten, bis die Soldaten abziehen. Erst mal liegen sie flach im Gras neben ihren Säcken. Das dauert, bis die Wachen endlich gehen. Als sie fort sind, warten Otto und er noch ein paar Minuten. Dann klettern sie mit ihren schweren Säcken über den Bahndamm. Schließlich laufen sie einen Feldweg entlang und im großen Bogen um das Dorf herum. Sie haben Glück. Es ist sehr dunkel heute. Nur zweimal scheint der Mond für Augenblicke durch und erleuchtet auch sie. Zwei Punkte in der dunklen Nacht.

Da stehen sie schon vor der Pferdekampschen Mühle. Die Beute teilen sie brüderlich.

Obwohl Paul ihnen die Lüge mit dem Kino aufgetischt hat, haben sich die Eltern schon Sorgen gemacht. Schließlich ist es nach Mitternacht, als Paul heimkommt.

Stolz zeigt er den halben Sack Kohlen.

„Tu das nie, nie wieder", sagt Papa. „Du gefährdest dich und uns, das willst du doch nicht. Klauen bleibt auch in der größten Not für uns ein Tabu. Hast du das verstanden?"

Paul nickt, aber nicht sehr überzeugt. Er weiß selbst nicht, ob er es nicht doch wieder tun wird. Für einen Zentner Kohle kann er viel eintauschen für die Familie. Oder für sich. Für einen Sack Kohle kann man sogar einen Fußball bekommen. Und es hat auch etwas Prickelndes. Das, was Susa vermisst: Es ist endlich was los.

18

Eines Tages bringt Papa von der Arbeit ein Buch mit: *Moby Dick* von Herman Melville. Das hat ihm sein Meister für die Familie geschenkt.

Sie lesen es gemeinsam abends und am Sonntag, wenn Vater nicht arbeitet, immer im Wechsel.

Am Abend ist Papas Stimme rau, unterbrochen von langen Pausen, die er zwischen den Sätzen einlegt. Das kommt wohl daher, dass er morgens um fünf Uhr aufsteht, um sechs im Bus sitzt und bis abends um sieben arbeitet. Am Sonntag klingt seine Stimme warm und klar.

Aus Mamas voller, schöner Stimme spricht eine neu erwachte Lebenslust und Zuversicht. Frau Zimmermann hat ihr einen Blumenstrauß geschenkt, den sie in einem Weckglas auf den Tisch stellt. Und von ihren selbst urbar gemachten, weit entfernten hundert Quadratmetern Ackerland hat sie den ersten Salat mitgebracht. Er schmeckt köstlich.

Mama hat sich mithilfe von Paul eine alte Nähmaschine eingehandelt. Die Mechanik fürs Treten war defekt und völlig eingerostet. Papa konnte sie in der Schlosserei reparieren. Darauf zaubert Mama nun aus alten Stoffresten, die sie von mitleidigen Leuten bekommt, Röcke, Hosen und Kleider für Susa und sich. Sogar einen selbst genähten geblümten BH hat sie Susa zum Geburtstag geschenkt. Susa hat sich wie toll gefreut. Es war mühselige Kleinarbeit. Aber er passt wie angegossen.

Susas Stimme findet langsam wieder ihren eigenen Klang, nachdem sie die Kanten des Nazimenschen endgültig abgeschliffen hat. Susa steckt immer mehr mit Lene zusammen. Auf deren Fahrrad flitzen sie durchs Dorf. Susa lernt Schwimmen im Dorfteich, Schminken auf Lenes

Dachboden, will Cremes kochen auf Pferdekamps Küchenherd. Da fährt Mama energisch dazwischen. Kommt nicht infrage! Susa mault, sieht Mamas Einwände aber widerstrebend ein.

Paul leidet immer mehr unter der Enge, je selbstständiger er wird. In der Schule schneidet er mehr schlecht als recht ab. Das Klavierspiel gibt ihm Halt, und der Tauschhandel. Und die Träume, die von den Kinofilmen in ihm geweckt werden.

Romanze in Moll hieß der letzte Film. Paul summt die Melodie: *Eine Stunde zwischen Tag und Träumen.* Dabei zieht er wie von selbst das Bild von Bella aus der Tasche. Wo sie wohl ist? Schreiben geht nicht. Träumen geht. Bella hatte Ähnlichkeit mit Susa. Das fällt ihm erst jetzt auf. Nur verträumter war sie. Er steckt das Bild zurück in seine Jackentasche.

Langsam wächst auch in Paul wieder die Zuversicht. Nur sein Lager für den Tauschhandel ist im Moment leer. Er muss etwas Neues organisieren. Etwas anderes. Er will mehr.

Inzwischen ist es Herbst geworden. Spätherbst 1945. Den *Moby Dick* haben sie schon zweimal gelesen. Und Papa heftet neben sein Bild an der Wand, das er von der Familie gemalt hat, die Widmung, die vorne im Buch stand:

Dies ist mein Bett,
mein Becher, mein Stift.
Ich kann denken,
singen, sprechen.
Und lesen!
Und einer hört zu!

Was will ich mehr? hat Mama irgendwann mit Bleistift daruntergeschrieben.

Paul ist das zu wenig. Er will mehr. Was soll das ganze Geschwätz von Nächstenliebe und Menschlichkeit, wenn selbst der Bauer sie dauernd tritt? Paul will denen zeigen, dass er auch ein Kerl ist und dass er etwas schaffen kann, obwohl er ein Flüchtling ist. Er würde am liebsten zurücktreten. Natürlich nicht mit dem Fuß. Doch wie?

Da bekommt er in der Schule noch einen Dämpfer aufgesetzt. Er schreibt eine Fünf in Mathe.

„Du musst mehr tun“, sagt der Mathelehrer, Herr Brandt. Oder ist er noch böse wegen des Kinos?

„Sei fleißig“, sagt Papa.

Aber Paul will mehr als gute Zensuren.

Doch das braucht seine Zeit.

Und im Augenblick haben sie andere Sorgen.

Mama wird krank, sie hustet und ist zu geschwächt, um zu arbeiten. Da meint die Bäuerin hämisch: „Wer nicht arbeitet, braucht auch nicht zu essen.“

Paul ballt vor Wut die Fäuste. Schließlich schleicht er nachts in die Schweineküche und klaut Kartoffeln. Er schämt sich, aber er weiß, Mama kommt nur durch, wenn sie isst. Und Menschen sind doch wohl mehr als Schweine. Die Bäuerin kann doch nicht alles bestimmen.

Auf die schlimmen Tage folgt endlich ein Glückstag. Sie bekommen ein Radio geschenkt. Das hat wieder einmal Papas Chef organisiert. Der Schlossermeister ist wirklich ein Segen für die Familie. Solche Dinge sollen den geringen Lohn ausgleichen, den er Papa nur zahlen kann.

Sie hören Konzerte. Musik, die von weither ins Zimmer weht. Die Traurigkeit, die Paul mit sich herumträgt, wird von den Klängen fortgespült. Geigen singen, Flöten und Klarinetten klingen hell, Trompeten, Posaunen, Pauken verschaffen sich lautstark Gehör, und dann die mächtige

Tuba. „So viel Kraft müsste man haben“, murmelt Paul. Die Geigenstimmen schweben über dem Boden, als würden sie von unsichtbaren Händen getragen. Im Rhythmus der gezupften Saiten und eines tiefen Kontrabasses galoppiert es dahin. Dazwischen Aufbegehren, Drang nach Freiheit. Ein schweres Hörnermotiv weist in dunkle Tiefen. Bis wieder die Geigen übernehmen und in lichte Höhen emporführen.

„Ja“, denkt Paul. „Wieder aufstehen! Gehen, laufen.“

Die Musik gibt dem Raum eine andere Farbe.

„Beethoven“, sagt der Sprecher.

Mehr versteht Paul nicht.

Paul geht öfter ins Kino. Filme, die ihm die Zeit vertreiben, wenn er nicht lernt, am Klavier sitzt oder Hilfsdienste bei den Briten leistet. Mit Billy fiebert er. Billy muss in der Wüste die längste Strecke durchreiten. Er lechzt nach Wasser. Er bricht fast zusammen. „Wir schaffen es“, sagt er zu seinem Pferd. Und sie schaffen es.

Paul erhebt sich benommen aus seinem klappernden Kinostuhl. Halb Billy, halb Paul. Wer ist er? Wo ist er? Noch in der Wüste? Nein, draußen wartet der Heimweg, wartet das enge Zimmer mit Mama, Papa, Susa. Paul rennt nach Hause.

Paul sammelt Zementtüten. Dafür bekommt er Schreibhefte, die er dringend braucht. Auch für die Listen der Tauschgeschäfte. Seine Tauschobjekte hortet er inzwischen für noch schlechtere Zeiten. Nur ab und zu behält er etwas davon für sich, ein Paar Schuhe, die ihm wunderbarerweise passen. Es ist Pauls schönster Tag, als er endlich die Holzschuhe mitsamt dem Stroh in den Ofen stecken kann.

Eines Tages kommt Paul nach dem Kino angerannt und ruft schon von Weitem: „Papa, sie suchen Bergleute. Und die werden richtig gut bezahlt.“

Paul hat im Kino einen Werbefilm gesehen. Für den Bergbau im Ruhrgebiet werden dringend Bergleute gesucht. Weil man jetzt, in der Phase des Wiederaufbaus, Mengen von Kohle und somit für die Förderung auch Mengen von Bergleuten braucht. Die Bergarbeiter sollen eine sehr gute Bezahlung bekommen. Die britische Besatzung stellt sogar Extrazulagen in Aussicht. Der Bergmannsberuf wird verlockend.

Der Vater meldet sich. Und wartet. Eine Ewigkeit, so scheint es ihm.

Doch dann kommt die Absage. Über zwölftausend haben sich gemeldet, aber sie können nicht aufgenommen werden, weil sich nämlich herausgestellt hat, dass man für zwölftausend Kumpel keine Wohnungen hat. Also musste man allen absagen. Enttäuschung und Ärger auf beiden Seiten.

Der Vater bewirbt sich weiter. Auf Stellen, wo er wieder in seinem alten Beruf arbeiten und vielleicht auch mehr verdienen könnte. Denn hier reicht es gerade fürs Allernötigste. Dabei wohnen sie immer noch in einem Zimmer.

Nur Pauls Tauschgeschäfte bringen noch ein wenig Schwung ins öde Einerlei.

Als Oma Pferdekamp krank wird, packt Mama bei der Pflege und im Haushalt mit an. Frau Pferdekamp bittet Mama, doch eine Zeit lang das Abendessen für alle zuzubereiten. Mama freut sich. Das Abendessen ist einfach: ein großer Topf Milchsuppe und eine Riesenpfanne Bratkartoffeln. Der Herd muss danach noch gescheuert werden. Am schwierigsten findet Mama es, die großen Herdringe immer richtig unter die Riesenpfanne zu schieben. Die Bratkartoffeln schmecken. Sogar Paul und Susa dürfen mitessen, und für den Vater gibt es meistens noch einen extra Teller voll.

Doch als die alte Frau gesund wird, muss Mama sofort die Küche räumen. Und mit den guten Tagen ist es wieder vorbei.

Es gibt auch richtig gute Tage in der Schule. Paul kann rennen, Völkerball und Handball spielen. Paul ist gut in Deutsch. Und er verbessert sich in Mathe.

Aber dann wieder schmeißt ihn der Werner hin. Und Herbert tritt. Zu zweit setzen sie sich auf ihn drauf. Paul beißt. Genau da kommt Herr Bruhns. Er hat gesehen, dass Paul gebissen hat, aber auch, dass die anderen auf ihm draufsaßen. Herr Bruhns ist ja nicht blind. Alle müssen nachsitzen. Da nennen sie Paul hinter dem Rücken des Lehrers „Scheiß Pollacke".

Paul rennt wütend nach Hause. Mama ist im Stall. Da nimmt Paul sich eins von den kostbaren Blättern und schreibt darauf: *Ich will kein Flüchtling mehr sein. Warum haben wir alles verloren? Warum? Wir hatten doch alles. Arbeit, Schule, Brot, ein eigenes Haus! Warum?*

Als der Vater am Abend heimkommt, sagt er: „Die Antwort darauf sind der Krieg und die Nazizeit. Und der Hass sät sich weiter." Und er legt seinen Arm um Paul und fügt hinzu: „Ich bin auch enttäuscht. Ich hatte diese Verachtung nicht erwartet. Aber es gibt auch gute Menschen."

Und an diesem Abend geht der Vater mit Paul zur Familie Zimmermann. Dort dürfen sie sich sofort mit an den Tisch setzen. Der Vater hat versprochen, am nächsten Abend auf dem Hof zu helfen.

Susas neuestes Rezept: „Kartoffelsuppe nach Flüchtlingsart." Man nehme getrocknete Kartoffelschalen, schüttle vorher die Erde ab. Man mahle sie in der Kaffeemühle, koche sie dann mit Wasser wieder auf. Wenn noch getrocknete Kräuter und vielleicht ein bisschen Pfeffer drin landen, ist es eine prima Suppe.

19

Die Mutter ist am Abend so kaputt, dass sie kaum noch sprechen kann. Sie geht nach der Feldarbeit immer noch auf ihren eigenen Acker, entfernt jedes Blättchen Unkraut, das sie findet, hegt und pflegt die anderen Pflänzchen. Der Salat macht sich gut, der Kohl nicht. Dafür hat sie ihn wohl nicht früh genug säen können.

Manchmal ist sie den Tränen nahe. „In den letzten Monaten ist so viel passiert“, sagt sie. „Und doch sind wir keinen Schritt vorangekommen.“

Eines Mittags schreit Susa, sie finde alles zum Kotzen. Sie schreit und boxt und weint. Mama nimmt sie in den Arm.

An dem Tag haben sie sich auch Paul wieder vorgenommen. Warum nur?, fragt Paul sich wieder. Warum bin und bleibe ich für die ein Fremder, ein Außenseiter, fast ein Feind?

Manchmal möchte er um sich schlagen, heulen, rebellieren. Er versteht Susa so gut. Er schreit Papa an. Papa beruhigt ihn, dreht mit ihm draußen noch eine Runde.

„Die Menschen sind müde und unsicher. Sie haben genug vom Krieg und seinen Folgen. Der Krieg hat so viel Leid und Enttäuschung über alle gebracht, dass sie in uns nur noch eine Verlängerung des ganzen Elends sehen. Als wären wir dran schuld, dass sie jetzt auch noch mit uns Flüchtlingen leben müssen.“

Da kommt ihnen Frau Pferdekamp auf dem Trecker entgegen. „Na, schon Feierabend?“, ruft sie. Das soll wieder ein kleiner Angriff sein: Ich arbeite noch, aber ihr faulen Schmarotzer geht schon spazieren.

„Blöde Ziege“, zischt Paul.

Papa sagt nichts. Sie kommen an dem Fachwerkhaus vorbei, in dem Otto wohnt. Sie gehen den Feldweg entlang und geradeaus weiter aus dem Dorf hinaus. Die Sonne ist schon untergegangen, aber der Himmel im Westen ist noch hell.

In Paul brodelt es. Er ist wütend, enttäuscht, zornig. Am liebsten würde er immer noch um sich schlagen. Er boxt mit den Fäusten in die Luft.

„Diese Menschen misstrauen von Anfang an allem Fremden“, erklärt Papa ruhig weiter. „Und Armut macht ihnen auch Angst. Sie glauben, jeder Fremde wolle ihnen ihren Besitz wegnehmen.“

Paul ist jetzt ruhiger geworden. Er fragt: „Warum ist Frau Pferdekamp so? So – feindlich, misstrauisch und gemein uns gegenüber?“

Papa überlegt. „Du musst dir auch mal ihre Situation vorstellen: Wir werden bei ihr zwangseinquartiert. Das heißt, sie wird von der britischen Besatzung dazu gezwungen. Von den Briten, die im Krieg unsere Feinde waren, die Dresden und viele andere deutsche Städte zerstört haben. Sie bekommt kein Geld dafür, dass sie uns beherbergt. Sie weiß auch, dass wir kein Geld haben. Sie verachtet uns. Und hat gleichzeitig Angst vor uns. Vielleicht auch, weil wir uns anders verhalten, anders denken, anders kochen, anders feiern als sie. Das kommt noch dazu.“

„Und deswegen ist sie so gemein zu uns? Sie schließt oft sogar ihr Wohnzimmer vor uns ab. Denkt sie vielleicht, wir klauen?“

„Ja“, sagt Papa, „manche Menschen können einfach nicht anders, als dem andern zu zeigen: Ich misstraue dir. Du könntest mich beklauen.“

„Ist die Frau Pferdekamp sich wohl selbst Freund? Oder misstraut sie auch sich?“, fragt Paul.

„Das ist eine gute Frage. Ich kann sie nicht beantworten“, sagt Papa.

„Da haben es ja die Kühe im Stall besser. Die werden von ihr gestreichelt."

„Die besitzt sie ja auch, da weiß sie, wie sie sich verhalten. Und wenn eine Kuh nicht pariert, wird sie geschlachtet und eine neue großgezogen."

„Aber die Oma Pferdekamp ist doch so ein lieber Mensch. Von der müsste sie es doch anders gelernt haben", wendet Paul ein. Da fällt ihm ein, dass Frau Pferdekamp ja nicht die Tochter, sondern die Schwiegertochter ist. Frau Pferdekamp hat in den Hof eingeheiratet. Früher einmal hatte die Oma hier das Sagen.

Nein, heute hat die Oma nicht mehr viel zu sagen. Es wird ihr häufig über den Mund gefahren. Wenn ein Bauer oder eine Bäuerin den Hof an die nächste Generation abgegeben hat, also auf dem Altenteil ist, ist ihre Meinung nicht mehr gefragt.

Der Vater denkt noch einmal laut nach: „Ich glaube, das alles hat auch mit der Nazizeit zu tun – und die ist ja gerade erst vorbei. Da wurde den Menschen richtig eingebläut, dass Fremde hassenswert seien. Das waren in erster Linie die Juden. Sie sollten am besten ganz vom Erdboden verschwinden, nicht nur aus Deutschland. Viele Juden stammten aus den Ostländern, aus Polen oder Russland. Aber auch Menschen aus dem Osten, die keine Juden waren, wurden von den Nazis als ‚minderwertig' bezeichnet. Das hat sich in den Menschen festgesetzt. Wenn einem das jahrelang eingetrichtert wurde, dann entscheidet man diese Dinge nicht mehr mit dem eigenen Kopf und Herzen. Das kann man nur, wenn man ganz bewusst mit seinem Denken und Fühlen dagegensteuert. Und das will Frau Pferdekamp ja gar nicht. Sie will uns gegenüber die Überlegene spielen, und das kann sie nur mit Verachtung."

Sie verlassen den Feldweg und gehen auf der Hauptstraße zurück, auf die Lichter des Dorfes zu. Als sie sich dem Pferdekampschen Hof nähern, bleiben Papa und Paul einen Augenblick stehen. Papa legt den Arm um Paul und erklärt ihm: „Ich bin oft genauso wütend und verzweifelt."

Paul zieht erstaunt die Augenbrauen hoch.

„Es soll endlich besser werden. Endlich, endlich. Wann sind wir nicht mehr der letzte Dreck?"

So hat Paul Papa noch nie sprechen hören.

Jetzt müssen sie vorsichtig sein, auch mit solchen Reden. Frau Pferdekamp hat schon einmal etwas mitbekommen, was wirklich nicht für ihre Ohren bestimmt war.

Kaum haben sie ihr Zimmer betreten, klopft es wild an der Tür. Frau Pferdekamp.

„Sie haben wieder von unserem Klopapier genommen", schimpft sie.

„Bestimmt nicht", sagt Papa und schaut sie offen an.

Frau Pferdekamp seufzt. Was sie alles auf sich nehmen müsse für diese Familie.

Papa erklärt ihr ruhig, es tue ihm leid, dass sie sich so bedrängt fühle. Und sie wären auch lieber zu Hause, aber dorthin könnten sie leider nicht zurück. Außerdem hätten sie alles verloren und müssten wieder ganz von vorn anfangen.

Die Oma fährt dazwischen: „Ich freue mich, dass Sie bei uns wohnen. Sie sind eine Bereicherung, weil Sie einen frischen Wind hereingebracht haben."

Frau Pferdekamp verzieht sich schimpfend. Die Oma steckt ihnen schnell drei Eier zu. Sie legt den Finger auf den Mund, nickt und geht.

Die Sache mit dem Klopapier ist so: Pferdekamps Klopapier, in Quadrate geschnittene Zeitung, hängt auf dem

Plumpsklo, schön aufgefädelt an einem Nagel. Ihr eigenes Klopapier dürfen sie aber nicht hinhängen. Da sei kein Platz, sagt Frau Pferdekamp. Obwohl man da noch zwanzig Nägel einschlagen könnte. Sie sollten das Papier mal schön immer mitbringen. Deshalb liegt das Klopapier der Familie Kollatsch in ihrem kleinen Zimmer direkt an der Tür. Zum Greifen, wenn man losgeht.

Flüchtlinge bei der Feldarbeit

20

Ein neues Schlagwort geistert seit Wochen durchs Dorf: Entnazifizierung. Die Briten und Amerikaner haben in den von ihnen besetzten Zonen an ausgesuchte Erwachsene Fragebögen mit einhundertdreißig Fragen verteilt.

Die meisten Lehrer haben ihn bekommen, ebenso der Pastor und der Arzt. Aber auch etliche Bauern, unter ihnen Herr Pferdekamp. Alle, die in der Nazizeit etwas zu sagen hatten. Papa flüstert Mama zu: „Wie Herr Pferdekamp sich da herauswinden wird? Der war doch ein strammer Nazi, Ortsbauernführer!"

„Und dazu noch zweiter Bürgermeister", fügt Mama hinzu.

„Ich hab was anderes zu tun, als mich um einen solchen Quatsch zu kümmern", sagt Frau Pferdekamp. „Was stecken die die Nase in unsere Privatangelegenheiten?"

„Aber Sie hatten doch auch Ostarbeiter, die im Schweinekoben geschlafen haben. Jeder weiß, dass Sie die nicht gerade mit Glacéhandschuhen angefasst haben." Das sagt eine sonst eher schüchterne Frau mitten auf dem Kirchplatz zu Herrn Pferdekamp.

Koben *Einzelverschlag oder Box im Stallgebäude*

jemanden mit Glacéhandschuhen anfassen *jemanden besonders rücksichtsvoll behandeln*

„Halten Sie sich mal aus anderer Leute Angelegenheiten heraus", meint Herr Pferdekamp und lässt die Frau einfach stehen.

Der Zweck der Entnazifizierung ist es, ehemalige Nationalsozialisten zur Verantwortung zu ziehen. Ehemalige NSDAP-Mitglieder sollen keine öffentlichen Ämter mehr besetzen, in den Schulen soll es keine nazistischen Lehrer mehr geben. Zum Zwecke der Überprüfung sollen sogar Entnazifizierungs-Ausschüsse gebildet werden. Pauls Vater, als einer, der sich nie überreden ließ, in die NSDAP einzutreten, und wohl auch als Akademiker und Nicht-Einheimischer, wird gefragt, ob er bereit sei, einem solchen Ausschuss beizutreten. Papa windet sich. Er weiß nur zu gut, dass sich das ganze Dorf aufregen wird, wenn ein Flüchtling ein solches Amt übernimmt.

Und tatsächlich macht sich prompt Empörung breit: „Was maßen sich die Besatzungsmächte an, in unseren Angelegenheiten zu schnüffeln und über uns zu richten. Und dazu noch mit Flüchtlingen!"

„Immerhin haben wir mit diesen ‚unseren Angelegenheiten' ganz Europa mit Krieg überzogen und schließlich verloren. Wir sollten lieber voller Scham und Reue auf unsere eigene Vergangenheit schauen." Das sagt Papa.

Da wird er auf offener Straße von zwei biederen Dorfbewohnern angepöbelt. „Sie müssen vielleicht so denken, aber wir doch nicht. Wir hatten mit dem allen nichts zu tun. Wir leben hier auf dem platten Land."

Papa entgegnet ruhig: „Wir sind alle Deutsche."

Und Mama fügt nach einer Stille hinzu: „Wer nicht traurig sein kann, der kann auch nicht arbeiten und unser Land wieder aufbauen."

Da nimmt Papa sie einfach in den Arm.

Sie sind bei einer Nachbarsfamilie zum Kaffee eingeladen. Da isst Paul zum ersten Mal wieder Kuchen. Mhmm, wie der schmeckt! Am Abend muss er sich übergeben, das fette Gebäck und die Sahne sind seinem entwöhnten Magen nicht bekommen.

Aber selbst diese Leute lassen sie ungewollt spüren, dass sie Flüchtlinge sind. Bei aller ehrlich gemeinten Freundlichkeit spielt auch Herablassung mit. Sie können nicht verstehen, wie man einfach so alles verlieren kann. Und dass man nichts, aber auch gar nichts mehr hat.

Bei der Fragebogenaktion zur Entnazifizierung zeigt sich, dass keine der Personen sich dazu bekennt, mitgemacht zu haben. Auch Herr Pferdekamp lässt sich als Mitläufer einstufen, als einer, der das alles eigentlich nicht gewollt hat. Stattdessen hat er den ersten Bürgermeister schwer belastet. Der sei für die Verschleppung der beiden jüdischen Familien verantwortlich gewesen, er nicht.

Entnazifizierung

„Hier im Dorf gab es angeblich kaum Nazis, obwohl es ein richtig brauner Ort war“, sagt Papa. „Hitler muss all das, wofür er verantwortlich war, die Verschleppung und Ermordung Hunderttausender, wohl ganz allein gemacht haben. Alle waschen ihre Hände in Unschuld.“

„Das Schlimme ist“, sagt Mama, „dass keiner richtig traurig ist über all das, was wir getan haben. Vielmehr richten sie ihre Empörung gegen die, die die Entnazifizierung angeordnet haben und durchführen.“

„Praktisch“, sagt Papa. „Sie haben wieder einen Sündenbock.“

Er ist bedrückt und geht mit Mama noch eine Runde um die Felder.

Herr Bruhns bringt in den Unterricht Bilder und Dokumentationen von den Ermordungen und Gräueln im KZ Bergen-Belsen mit. Sofort geht eine Welle der Empörung durchs Dorf.

KZ *Konzentrationslager*

„Verantwortungslos.“ – „Das ist nichts für Kinder.“ – „Wir waren doch gar nicht dabei.“ Solche Sprüche und sogar richtige Wut machen sich breit. „Der will uns wohl die Schuld in die Schuhe schieben.“

Herr Bruhns wird sogar in der Dunkelheit tätlich angegriffen. Er besucht daraufhin Pauls Eltern. Nach diesem Besuch kann Paul natürlich nicht schlafen. Und am nächsten Tag schreibt er auf einen Zettel: *Hass und Krieg haben nicht aufgehört. Sie leben weiter in den Köpfen. Und man sagt dazu Friede.*

21

Und dann passiert etwas Entscheidendes: Herr Pferdekamp versucht Paul eine zu knallen, als der im Kuhstall an ihm vorbeisausen will. Das hat Herr Pferdekamp schon ein paar Mal getan. Aber Paul hat sich vorgenommen, sich nicht mehr alles gefallen zu lassen. Und er brüllt: „Was bilden Sie sich ein? Meinen Sie, Sie könnten sich über uns erheben? Meinen Sie, Sie seien mehr als wir? Meinen Sie, Sie könnten uns zerstören mit Ihrer Verachtung?"

Solche Worte hat Paul noch nie von sich gehört. Und während er das sagt, wird er groß und größer.

Und Herrn Pferdekamps Kopf wird rot und röter. Sogar die Kühe halten den Atem an.

Da kommen Mama und Papa aus dem Zimmer gestürzt. „Paul", ruft Mama, „Paul, schweig doch still."

„Ich schweig nicht", sagt Paul.

Herr Pferdekamp dreht sich zu Papa um und schreit: „Versohlen Sie dem mal so richtig den Hintern." Und er greift hinter sich und zieht aus der Ablage über dem Kuhstall einen Rohrstock. Den gebraucht er wahrscheinlich für seine Kinder. Er hält ihn Papa hin.

Papa nimmt den Stock und zerbricht ihn in der Luft.

Schweigen.

In aller Ruhe reicht Papa Herrn Pferdekamp den zerbrochenen Rohrstock.

Sofort poltert Frau Pferdekamp los: „Sie verlassen unser Haus. Ich gehe zur britischen Kommandantur. Sie ... Sie ... Sie haben kein Recht, sich aufzulehnen."

„Dann gehen wir gemeinsam zur britischen Kommandantur", sagt Papa.

Am Abend haben sie eine lange Diskussion. Papa meint, er finde es gut, dass Paul sich gewehrt habe, selbst wenn es Konsequenzen haben könne. „Wenn uns auch sonst nichts gehört: Unsere Gedanken, die gehören uns." Und er klopft Paul auf die Schulter.

Susa ist stolz auf ihren Bruder. „Der hat mal 'ne richtige Kante gezeigt. Mensch, Paul. Wir können doch nicht immer nur nicken und alles hinnehmen, um nur ja nirgends anzuecken. In der Hitlerzeit ..." Aber sie redet nicht weiter. Stattdessen sagt sie: „Weißt du, was ich jetzt für ein Gefühl habe?" Und sie schaut stolz in die Runde. „Wir fangen langsam an, wieder an etwas zu glauben. Nämlich an uns."

Schließlich der gemeinsame Weg zur britischen Kommandantur. Papa lässt Frau Pferdekamp den Vortritt. Und Paul ist auch mitgekommen.

Der Kommandant kennt Paul von dessen Gelegenheitsarbeiten für das Offizierskasino. Das ist schon mal ein großer Vorteil. Und die Briten mögen Paul. Der Kommandant zwinkert ihm zu.

Frau Pferdekamp bringt mit schriller Stimme ihre Beschwerde vor. Sie empört sich über die Handlungsweise des Vaters, beklagt sich des Langen und Breiten über den frechen, unverschämten Bengel, der ein Nichtsnutz sei und dem lieben Gott den Tag stehle.

Der Kommandant schaut Paul fragend an. Paul sieht ihm gerade in die Augen, hält sich jedoch zurück.

Papa wartet, bis ihn der Kommandant auffordert zu sprechen: „Mr Kollatsch, was haben Sie dazu zu sagen?"

Da meint Papa zuerst mit einem Blick auf Frau Pferdekamp, den lieben Gott sollten sie lieber aus dem Spiel lassen. Und dann erzählt er zum ersten Mal, wie es ihnen bei Pferdekamps wirklich geht. Papa scheut sich auch nicht, vom Hunger zu sprechen. Vom Hunger neben gefüllten Schweinetrögen. Und von der Verachtung und den Demütigungen, denen sie ständig ausgesetzt seien.

Als Papa zuletzt noch die Sache mit dem Rohrstock erwähnt, räuspert sich der Kommandant hörbar.

„Ich werde eine andere Bleibe für Sie suchen", sagt er schließlich.

Einige Tage später beobachtet Paul, wie der Sohn von Pferdekamps Susa hinter die Scheune zerrt. Die beiden küssen sich. Das muss Paul erst verdauen. Ausgerechnet der!

Später läuft Susa strahlend und fröhlich pfeifend durch die Gegend. Da denkt Paul: Wenn es so ist, ist es ja gut.

Und es geschehen wunderbare Dinge.

Der Organist der Kirche, der auch manchmal Frau Thiemann im Musikunterricht in der Schule vertritt, besucht die Eltern. „Paul hat eine glockenreine Sopranstimme. Er ist noch nicht im Stimmbruch", erklärt er. „Erlauben Sie, dass ich mit meinen bescheidenen Mitteln seine Stimme ausbilde und dass er am Sonntag im Kirchenchor das Solo singt?"

Die Eltern strahlen. Papa strahlt. Susa ist neidisch. „Immer Paul", mault sie. Paul kann endlich wieder singen!

So kommt Paul in die Kirche, schult weiter seine Stimme, steht schließlich am ersten Sonntag im Advent auf der Empore und singt das Kyrie. Pauls Stimme schwebt über den Klängen der Orgel, all das Elend löst sich in der Musik auf. Die Melodie schwingt in großen Bögen durch den Kirchenraum. Viele Kirchenbesucher blicken sich um, um zu sehen, wer da mit dieser wunderbaren Stimme singt.

Am Ende des Kyrie wird sogar geklatscht – eine absolute Ausnahme in der streng evangelischen Kirche.

Und das ist noch nicht alles. Der Organist hat Paul eine Mundharmonika geschenkt. Die ist besser, größer und klingt schöner als seine alte. Darauf spielt Paul wieder. Er spielt alle Melodien, die er kennt. Auch Swing und Jazz. Oft geht er in den Kuhstall und spielt den Kühen vor. Und die Kühe schwingen mit ihren Köpfen mit. Und die Pferdekamps schweigen. Sie haben begriffen: Paul hat eine Position.

„Sind wir jetzt keine Fremden mehr?“, fragt Paul.

Papa überlegt. „Wir sind immer noch Fremde. Aber wir sind nicht mehr arm. Wir sind reich durch die Musik.“

Paul spielt Mundharmonika gegen das Traurigsein, das immer wiederkommt. Paul spielt Mundharmonika gegen das, was Angst macht. Paul spielt alte Melodien, wenn er an zu Hause in Breslau denkt. Paul spielt neue Melodien, wenn er gerade neuen Mut geschöpft hat. Paul spielt auf der Mundharmonika. Der Mut wird dann breiter und größer und durchfließt ihn ganz. Paul singt wieder am zweiten Adventssonntag.

Wenn er jetzt allein zur Schule geht, ist der Weg kürzer. Paul fürchtete sich vor langen Wegen, hinter denen immer wieder etwas Neues steckte. Er fürchtete sich auch vor Mitschülern, die ihn ärgerten und auslachten. Jetzt summt er auf dem Weg und erzählt sich Geschichten, Kopfgeschichten. Die Häuser hören ihm zu. Die Bäume nicken sogar. An der Schule sind die Geschichten zu Ende. Und er sagt „Hallo“ zu den anderen.

Zehn Tage vor Weihnachten ziehen sie um. In ein großes Zimmer beim Bauern Zimmermann, dem Bauern, der von Anfang an gut zu ihnen gewesen ist. Bei Zimmermanns sitzen sie mit am Mittagstisch. Mama hilft in der Küche. Mama hilft beim Melken, so gut sie kann. Sie ist ja noch eine Anfängerin. Da kommt die Milch noch nicht so prall. Und es ist noch eine zweite Flüchtlingsfamilie da, eine Mutter mit drei Kindern. Mit denen wohnen sie in der oberen Etage. Das Leben macht wieder Spaß, besonders als Frau Zimmermann am vierten Advent sagt: „Morgen backen wir Plätzchen für Weihnachten. Ich hab Mehl und Butter dafür zurückgelegt.“ Es duftet wie zu Hause. Das ist ein Fest.

Weihnachten soll Paul auch das Gloria singen.

Eine Zeile gefällt Paul besonders gut: *Wie ein Phönix aus der Asche stehe ich auf.*

Und dann kommt noch etwas Überraschendes: Susa soll die zweite Stimme singen. Sie hat eine schöne, volle Altstimme. Der Organist übt mit ihnen. Susa blüht mit Paul auf. Jetzt sind die beiden Mittelpunkt. Und da sie an Weihnachten nichts anzuziehen haben, kramt die Frau des Pastors einen alten Samtvorhang hervor und gibt ihn Mama. „Daraus können Sie für die beiden etwas nähen.“ Und die Mutter näht auf der alten Nähmaschine eine Jacke für Paul, ein Kleid für Susa, und für Mama und Papa fällt sogar noch ein Schal ab.

„Unser Willi hätte das auch gekonnt“, beklagt sich eine Bäuerin. Und ein Dorfbewohner rennt zum Pastor und beschwert sich, dass sie sich jetzt noch Weihnachten in der Kirche Flüchtlingsstimmen anhören müssen. „Dieses Flüchtlingsgesinge bitte einstellen“, sagt er. Und er fordere das nicht allein.

Da sagt der Pastor: „Flüchtlinge sind doch Menschen wie du und ich.“

„Na ja“, sagt der andere.

„Aber ihre Stimmen sind einmalig“, fügt der Pastor hinzu.

„Die nehmen uns die besten Plätze weg. Vor allem diese Kollatschfamilie. Das ist wirklich nicht mehr geheuer.“

„Vor Gott sind alle Menschen gleich. Und in meiner Kirche auch.“

Trotzdem: Wenn Paul jetzt durch den Schnee zur Kirche geht, schlittert er, pfeift die Melodie vom Phönix. Trifft Otto und Werner. Seine Füße hüpfen, die Flocken tanzen. Die Lichter in den Häusern senden wieder einen warmen Schein. Hoffentlich gelingt es ihm heute, sich gut einzusingen. Ein Mann ruft von Weitem etwas Freundliches. Paul zielt mit Schneebällen. Mist, dreimal daneben. Hoffentlich ist das kein schlechtes Vorzeichen.

Paul weiß, seitdem sie bei den Zimmermanns wohnen und seitdem er in der Kirche singt: Es gibt wieder mehr als nur einen Weg, sich etwas zu sagen. Es gibt auch wieder viele Wege des Zuhörens. Es gibt nicht nur das ängstliche Schweigen und Sich-Ducken. Auch mit der bedrängenden Enge ist es vorbei. Weil sie bei Zimmermanns auch in die Küche dürfen und abends in die große Diele oder vor den Kamin.

Paul rennt zur Kirche. Heute wollen sie versuchen, ein neues Lied direkt vom Blatt zu singen, der Organist und er. Paul hat ein bisschen Herzklopfen. Die Kirchentür knarrt. „Bist du’s, Paul?“, fragt von oben eine Stimme.

„Jaa“, ruft er und stürmt die Treppe hoch. Und die Orgel braust los.

Epilog

Der Vater findet in Frankfurt am Main eine Stelle, die seiner Qualifikation entspricht. Ein Freund, der sich schon vor einiger Zeit in Frankfurt niedergelassen hat, hat ihm einige Adressen vermittelt. Der Vater hat sich beworben, und bei einer Firma hat es schließlich geklappt. Weil man für die Familie keine Bleibe hat, zieht der Vater zuerst allein nach Frankfurt. Er wohnt mit anderen zusammen in einem winzigen Zimmer. Die Familie wohnt weiter bei Zimmermanns. Alle zwei Monate besucht sie der Vater, die Entfernung ist zu groß.

Am 23. Mai 1949 wird das Grundgesetz für die Bundesrepublik Deutschland verabschiedet.

„Die Würde des Menschen ist unantastbar.“ Diesen Satz aus dem Grundgesetz schreibt Mama ab und hängt ihn an die Wand ihres Zimmers.

Pferdekamps haben neue Flüchtlinge aufnehmen müssen. Und denen geht es wie ihnen vorher. Vielleicht sogar noch schlimmer. Denn seitdem Herr Pferdekamp „entnazifiziert“ ist, obwohl er ein strammer Nazi war, trägt auch er wieder die Nase hoch und spricht am dörflichen Stammtisch sogar davon, sich wieder als Bürgermeister aufstellen zu lassen.

Erst zwei Jahre später findet der Vater in Frankfurt eine Bleibe für die Familie: drei winzige Zimmer, eine Küche vorne, und dazwischen liegt die Waschküche für das ganze Haus. Eine provisorische Wohnung. Aber immerhin haben sie zum ersten Mal nach der Flucht wieder Zimmer, die ihnen wirklich gehören. Der Vater tischlert in seiner Freizeit Möbel. Die Mutter näht Gardinen.

Da beginnen sie wieder ein fast normales Leben. Sogar mit einigen Freunden, die sie gefunden haben. Paul und

Susa gehen aufs Gymnasium. Auch wenn ihnen die Schule anfänglich große Schwierigkeiten macht, weil sie in W. nur die Mittelschule besucht haben.

Susa studiert Medizin, auf dem kürzesten Weg, und wird Ärztin. Sie heiratet einen Arzt.

Paul schlägt Kapriolen in der Schule. Er träumt, wenn er denken müsste, spricht, wenn er still sein müsste, zieht Kreise, wenn er geradeaus gehen müsste. Aber er schafft es. Er studiert, wird Diplomingenieur der Elektrotechnik. Er arbeitet später sehr erfolgreich in einem großen Industriebetrieb.

An seiner ersten Arbeitsstelle trifft er Bella wieder. Es ist wie eine Fügung des Schicksals.

Aber Bella sitzt im Rollstuhl. Bella hat keine Beine mehr. „Tiefflieger", erklärt sie.

Paul verabredet sich mit Bella. Sie mögen sich. Aber es bleibt ein Abstand, den es vorher nicht gab. Damals, als sie ihm auf der Schulbank zuwinkerte.

Paul will Bella heiraten. Bella will nicht. „Sie haben mehr weggeschossen als die Beine. Das geht bis mitten in die Seele." Mehr sagt sie nicht.

Es bleibt eine tiefe Traurigkeit. Die geht immer mit. Und eine winzige, doch allmählich größer werdende Hoffnung.

Materialien

Die Flucht von Breslau bis zum Dorf W.

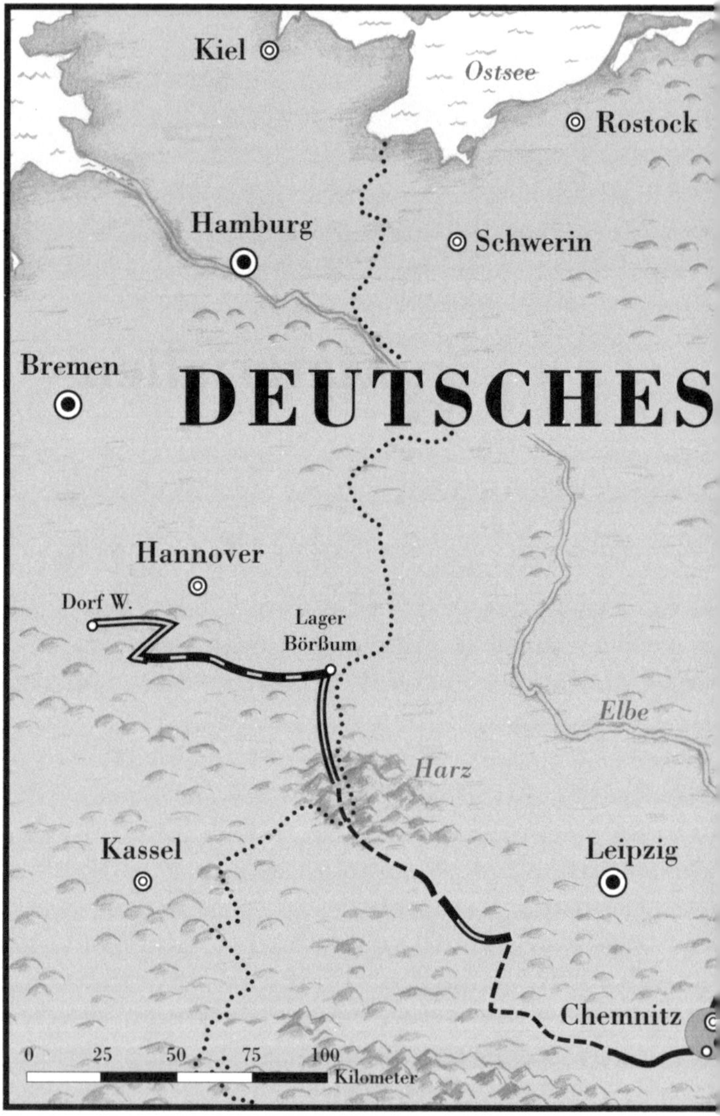

Die Flucht von Breslau bis zum Dorf W.

- - - - - zu Fuß

═══ auf dem Laster

▬▬▬ mit dem Pferdewagen

▬ ▭ ▬ mit der Eisenbahn

Deutsches Reich in den Vorkriegsgrenzen

••••• spätere innerdeutsche Grenze

ELISABETH ZÖLLER

Zur Entstehung dieses Buches

Elisabeth Zöller hat die Geschichte von Pauls Flucht nach einer wahren Begebenheit geschrieben und dabei die Namen der Personen verändert. „Paul" ist in Wirklichkeit der Ehemann der Autorin, der als Junge dies alles erlebt hat. Im Nachwort des Buches dankt Elisabeth Zöller ihm:

Danken möchte ich all denen, die mir bei der Entstehung dieses Buches geholfen haben. Ich war auf ihre Hilfe angewiesen.

Ich danke als Erstes und vor allen meinem Mann, Peter Sandmann. Er erlaubte mir, die Geschichte „seiner" Flucht zu einem Roman zu formen. Er gab mir damit die Möglichkeit, mit „seinem" Erlebten (frei) umzugehen, ohne einschränkende Rücksicht auf seine Person oder auf Personen, die sich hätten „getroffen" fühlen können. Ich war mir bewusst, dass es einer großen Souveränität und Toleranz bedarf, die eigene Geschichte so zur Verfügung zu stellen und sie bei größtmöglicher Genauigkeit dem Prinzip einer historischen Glaubwürdigkeit zu unterwerfen.

Peter Sandmann begleitete mich aber auch im Schreiben durch sein Schweigen, Reden, Warten, Zuhören, Gegenlesen und Diskutieren.

ARBEITSANREGUNG

- Die Autorin hat den Roman nach wahren Begebenheiten „geformt". Erläutere, was es bedeutet, die Geschichte „bei größtmöglicher Genauigkeit dem Prinzip einer historischen Glaubwürdigkeit zu unterwerfen".

Flucht und Vertreibung

Als Folge des Zweiten Weltkriegs verloren rund 20 Millionen Menschen, darunter Deutsche, Polen, Tschechen, Slowaken, Ukrainer, Weißrussen, Litauer und Ungarn ihre Heimat.

Die Flucht und Vertreibung der Deutschen aus den ehemaligen deutschen Ostgebieten bzw. aus den Siedlungsgebieten in Ost- und Südosteuropa lässt sich in verschiedene Phasen einteilen. Als im Sommer 1944 die sowjetischen Truppen die deutsche Grenze erreichten und sie im Januar 1945 überschritten, begann ein Großteil der dort lebenden Bevölkerung panikartig zu fliehen.

Flüchtlinge aus den Ostgebieten 1945

Millionen schafften es, mehr oder weniger direkt in das Gebiet der späteren vier Besatzungszonen zu gelangen. Denen, die rechtzeitig mit der Bahn fliehen konnten oder evakuiert wurden, blieben im Gegensatz zu anderen, die im Winter mit Pferdetransporten und zu Fuß flüchteten, manche schmerzhaften Erlebnisse erspart. Zum Symbol für die Rücksichtslosigkeit der Nationalsozialisten gegenüber der eigenen Zivilbevölkerung ist die Festungsstadt Breslau geworden. Dort verzögerte der Gauleiter Karl Hanke die Evakuierung der Bewohner, sodass allein in dieser Stadt 40000 bis 80000 Menschen ums Leben kamen; etwa 90000 weitere, die Breslau noch verlassen konnten, starben schließlich auf der Flucht an Kälte, Hunger oder Erschöpfung.

Im November 1945 legte der Alliierte Kontrollrat seinen „Überführungsplan" vor, in dem er die deutsche Bevölkerung, die sich noch in den ehemaligen Ostgebieten befand, auf 3,5 Millionen schätzte, von denen 2 Millionen in der sowjetischen Zone und 1,5 Millionen in der britischen Zone aufgenommen werden sollten. Die daraufhin organisierten Transporte erreichten 1946 ihren Höhepunkt, als allein unter dem Decknamen „Operation Schwalbe" knapp 1,4 Millionen Deutsche aus den Gebieten östlich der Flüsse Oder und Neiße in die britische Zone gebracht wurden. Insgesamt kamen 1946 aus diesem Raum 2 Millionen Flüchtlinge in die vier Besatzungszonen; 1947 waren es noch einmal 500000.

Ab 1946 erfolgte die organisierte Vertreibung der Sudetendeutschen aus der Tschechoslowakei sowie der deutschen Bevölkerung aus Ungarn in die amerikanische Zone. Auch hier lag der Höhepunkt im Jahre 1946 mit knapp 1,2 Millionen Ausgewiesenen aus der Tschechoslowakei und 170000 aus Ungarn.

Von den 1950 in der Bundesrepublik bzw. in der DDR sich befindenden rund 12,5 Millionen Flüchtlingen bildeten diejenigen aus den ehemaligen deutschen Ostgebieten mit knapp 7 Millionen den größten Anteil, gefolgt von gut 3 Millionen aus der Tschechoslowakei und 1,4 Millionen aus Polen. Die übrigen stammten aus der Freien Stadt

Danzig, aus Jugoslawien, Ungarn, Rumänien und den baltischen Staaten.

Die Bevölkerung der ehemaligen Ostgebiete und die sogenannten Volksdeutschen aus Ost- und Südosteuropa haben in großem Maße unter den Folgen der Naziherrschaft gelitten. Es traf Schuldige und Unschuldige. Besonders betroffen waren Frauen, ferner Kinder und ältere Menschen, während sich die Mehrzahl der Männer noch im Krieg oder bereits in Kriegsgefangenschaft befand.

ARBEITSANREGUNGEN

- Notiere einige der im Text erwähnten Zahlen:
  Wie viele Menschen haben als Folge des Zweiten Weltkriegs insgesamt ihre Heimat verloren?
  Wie viele flüchteten 1946 aus dem Gebiet östlich von Oder und Neiße in die vier Besatzungszonen?
  Wie viele folgten aus der Tschechoslowakei und aus Ungarn?
  Wie viele Flüchtlinge lebten 1950 insgesamt in der Bundesrepublik und der DDR?
- Was ist im Text damit gemeint, dass die Folgen nationalsozialistischer Herrschaft „Schuldige und Unschuldige" getroffen haben?
- Vertiefe deine Kenntnisse über Flucht und Vertreibung durch eine Internetrecherche. Stelle wichtige Ergebnisse auf einem Plakat zusammen.
  Beachte auch die Tabellen zu den Herkunftsgebieten der Flüchtlinge (S. 188) und den westdeutschen Aufnahmeländern (S. 189).

Herkunftsgebiete der Heimatvertriebenen in den westdeutschen Bundesländern

Herkunftsgebiete	Anzahl
deutsche Ostgebiete	4.520.000
Freie Stadt Danzig	235.000
Polen	785.000
Tschechoslowakei	1.935.000
baltische Staaten	50.000
Ungarn	175.000
Rumänien	65.000
Jugoslawien	135.000
insgesamt	7.900.000

Stand: 1950

ARBEITSANREGUNGEN

- In dieser Tabelle ist die Anzahl der Heimatvertriebenen, die in den damaligen westdeutschen Bundesländern Aufnahme gefunden haben, in Bezug auf ihre Herkunftsgebiete dargestellt. Ordne die Herkunftsländer nach der Anzahl der Vertriebenen, beginnend mit der höchsten Zahl.
- Versuche herauszufinden, wie viele weitere Vertriebene in der damaligen sowjetischen Besatzungszone, die dann zur (heute ehemaligen) DDR wurde, aufgenommen worden sind.
- Informiere dich mithilfe eines Atlas, wo die Herkunftsgebiete der Vertriebenen liegen.
- Welchem Herkunftsgebiet können Paul und seine Familie zugeordnet werden?

Anteil der Heimatvertriebenen in den westdeutschen Bundesländern

Bundesland	Anzahl	in Prozent der Einwohner
Schleswig-Holstein	856.943	33,0
Hamburg	115.981	7,2
Niedersachsen	1.851.472	27,2
Bremen	48.183	8,6
Nordrhein-Westfalen	1.331.959	10,1
Hessen	720.583	16,7
Rheinland-Pfalz	152.267	5,1
Baden-Württemberg	861.526	13,4
Bayern	1.937.297	21,2
Bundesrepublik Deutschland insgesamt (alte Bundesländer)	**7.876.211**	**16,5**

Heimatvertriebene am 13.9.1950

ARBEITSANREGUNGEN

- Notiere die beiden Bundesländer, die die meisten, und die beiden Bundesländer, die die wenigsten Flüchtlinge aufgenommen haben – jeweils nach Zahlen und in Prozent der Einwohner.
- In welchem Bundesland ist Paul untergekommen?
- Stelle begründete Vermutungen darüber an, warum einzelne Bundesländer wohl so viele bzw. so wenige Vertriebene aufgenommen haben.
- Lies zur Vertiefung den Text „Deutschland nach dem Zweiten Weltkrieg" (S. 192).

Filme zum Thema „Flucht"

© ARD/Degeto/Conny Klein

Die Flucht (ARD, zwei Teile à 90 Min., 4./5. 3. 2007)

Das Vorrücken der russischen Armee zwingt im Kriegswinter 1945 die Bewohner eines ostpreußischen Gutes unter Führung der Gräfin von Mahlenberg (Maria Furtwängler) zur Flucht über die zugefrorene Ostsee.

© SWR/Krehl

Kinder des Sturms (ARD, 90 Min., 25.3.2009)

Rosemarie (Felicitas Woll) flieht im Jahr 1946 mit ihrer Familie aus Schlesien nach Westdeutschland. Im Gedränge auf dem Bahnhof geht ihre elfjährige Tochter Maria verloren. Während die Mutter in Stuttgart nach ihr sucht, landet das Mädchen in einem Kinderheim in Lübeck ...

© ZDF/Pawel

Die Kinder der Flucht (ZDF, drei Teile à 45 Min., 2006): Schicksale von Kindern auf der Flucht von Ost nach West (Teil 1: Eine Liebe an der Oder; Teil 2: Wolfskinder; Teil 3: Breslau brennt!).

Der dritte Teil der Trilogie spielt in Breslau. Im Februar des Jahres 1945 verfolgt der NS-Gauleiter Hanke dort den absurden Plan, im Zentrum der Stadt einen Flugplatz anlegen zu lassen. 13000 Menschen verlieren dabei durch Schüsse der sowjetischen Armee ihr Leben. Die sechzehnjährige Ursula (Karoline Herfurth), die zum Arbeitskommando auf dem Flugplatz gehört, überlebt die Angriffe nur mithilfe eines Feldwebels (Volker Lechtenbrink) unter dramatischen Umständen ...

ARBEITSANREGUNG

- Der Film „Die Flucht“ ist als DVD erschienen. Schaut den Film in der Klasse an.
  Sprecht dann darüber, was euch besonders beeindruckt hat und an welchen Stellen es Parallelen zu Pauls Flüchtlingsschicksal gibt.

Deutschland nach dem Zweiten Weltkrieg

Nach dem Zweiten Weltkrieg im Mai 1945 teilten die Siegermächte USA, UdSSR, Großbritannien und Frankreich Deutschland in vier Besatzungszonen ein, in denen sie ab Juli 1945 die Regierungsgewalt übernahmen. Die amerikanische Zone umfasste Bayern, Hessen, Württemberg-Baden und Bremen, die sowjetische Zone Mecklenburg, Brandenburg, Sachsen-Anhalt, Sachsen und Thüringen, die britische Zone erstreckte sich über Nordrhein-Westfalen, Niedersachsen, Schleswig-Holstein und Hamburg, und die französische Zone schließlich beinhaltete Rheinland-Pfalz, Württemberg-Hohenzollern und Südbaden. Die Oberbefehlshaber der vier Zonen bildeten den Alliierten Kontrollrat mit Sitz in Berlin.

Die Alliierten beschlossen für Deutschland eine Politik der Demokratisierung, der Entmilitarisierung und der Entnazifizierung. So wurden bei den Nürnberger Prozessen von November 1945 bis April 1949 die Hauptkriegsverbrecher vor einem internationalen Gerichtshof angeklagt. Unter ihnen waren auch ehemalige einflussreiche NS-Politiker wie beispielsweise Hermann Göring, der wie einige andere zum Tode verurteilt wurde, wobei Göring noch vor der Urteilsvollstreckung Selbstmord verübte.

Durch die Aufteilung Deutschlands in Besatzungszonen hatte das Deutsche Reich aufgehört zu bestehen. Die ehemalige Reichshauptstadt Berlin lag mitten in der sowjetischen Zone, gehörte jedoch zu keiner der vier Besatzungszonen, sondern wurde von Truppen aller vier Mächte besetzt und in vier Teile, sogenannte Sektoren aufgeteilt.

Die Bevölkerungsanzahl in den einzelnen Besatzungszonen wurde im Rahmen einer Volkszählung am 29. Oktober des Jahres 1946 wie folgt ermittelt:

Gebiet	Fläche in km²	Einwohnerzahl 29.10.1946
Berlin	890	3.199.938
amerikanische Besatzungszone	107.459	17.254.945
britische Besatzungszone	97.722	22.305.027
französische Besatzungszone	40.216	5.063.630
sowjetische Besatzungszone	107.173	17.313.734
Deutschland (ohne Saarland)	353.460	65.137.274

Aufgrund der wachsenden Differenzen zwischen der Sowjetunion und den westlichen Siegermächten wurde im September 1946 aus der amerikanischen und britischen Zone die Bizone gebildet. Durch den Beitritt der französischen Besatzungszone – mit Ausnahme des Saarlands – zur Bizone im März 1948 entstand die Trizone. Somit waren bis auf das Saarland alle westdeutschen Länder in der Trizone zusammengefasst.

1948 wurde in der Trizone die Währungsreform durchgeführt, die sehr schnell einen wirtschaftlichen Aufschwung im Westen bewirkte, der das sogenannte „Wirtschaftswunder" der folgenden eineinhalb Jahrzehnte einleitete. Die Geschäfte füllten sich wieder mit einem breiteren und reichlicheren Warenangebot, was in der sowjetischen Besatzungszone zunächst nicht der Fall war.

Mit Inkrafttreten des Grundgesetzes am 24. Mai 1949 wurde aus den elf westdeutschen Ländern (ohne Saarland) die Bundesrepublik Deutschland als parlamentarische Demokratie mit der Bundeshauptstadt Bonn gegründet. Nach der ersten Bundestagswahl gab es dort eine CDU-geführte

Bundesregierung unter Bundeskanzler Konrad Adenauer. Im Jahr 1952 schlossen sich die Länder Baden, Württemberg-Baden und Württemberg-Hohenzollern zum Bundesland Baden-Württemberg zusammen. Damit reduzierte sich die Zahl der Bundesländer auf neun (ohne Berlin). Mit dem Beitritt des Saarlands erhöhte sie sich dann wieder auf zehn.

Aus der sowjetischen Besatzungszone (SBZ) wurde am 7. Oktober 1949 die Deutsche Demokratische Republik (DDR) gegründet, in der die Sozialistische Einheitspartei Deutschlands (SED) unter Walter Ulbricht herrschte. Die SED war 1946 aus der Vereinigung der SPD mit der KPD im sowjetisch besetzten Teil Deutschlands hervorgegangen.

Die Viersektorenstadt Berlin sollte anfangs nach dem Willen der Siegermächte weder der sie umschließenden DDR noch dem westlichen Teil der Bundesrepublik zugeordnet werden. Mit der fortdauernden politischen Spaltung allerdings vereinnahmte die DDR den Ostteil Berlins als ihre Hauptstadt, während West-Berlin von der Bundesrepublik als elftes Bundesland angesehen wurde.

In West-Berlin kam es in der Zeit vom 24. Juni 1948 bis zum 12. Mai 1949 zur sogenannten Berlin-Blockade durch die UdSSR; das heißt: Alle Straßen und Wasserwege nach Berlin wurden gesperrt, sodass die Stadt vom Westen abgeriegelt war. In einer berühmt gewordenen Rede rief der damalige West-Berliner Oberbürgermeister Ernst Reuter die Weltgemeinschaft im Rahmen einer Großdemonstration auf, seinen Teil der Stadt nicht im Stich zu lassen („Ihr Völker der Welt, schaut auf diese Stadt!"). Daraufhin wurde West-Berlin von den Westalliierten auf dem Luftweg („Luftbrücke") mit den notwendigsten Gütern versorgt, bis die Blockade schließlich wieder aufgehoben wurde.

Mit dem „Protokoll über die Beendigung des Besatzungsregimes“ gingen 1955 die Hoheitsrechte der drei westlichen Besatzungsmächte zum größten Teil auf die Bundesrepublik Deutschland über; die volle Souveränität erhielt die Bundesrepublik erst nach der Wiedervereinigung durch den sogenannten Zwei-plus-Vier-Vertrag im Jahr 1990. Die Wiedervereinigung Deutschlands war zugleich das Ende der DDR; die fünf Bundesländer der DDR (Mecklenburg-Vorpommern, Brandenburg, Sachsen-Anhalt, Sachsen und Thüringen) traten der Bundesrepublik Deutschland bei, die heute aus 16 Bundesländern besteht und seit 1990 Berlin als Hauptstadt hat.

Die Aufteilung Deutschlands in Besatzungszonen

L & P / 1886

JULIA FRANCK

Auf der Flucht

Dieser Text ist ein Auszug aus dem Roman „Die Mittagsfrau". Darin wird die Lebensgeschichte einer Frau vom Anfang des 20. Jahrhunderts bis in die Zeit nach dem Zweiten Weltkrieg erzählt. In den Wirren der Nachkriegszeit flieht sie mit ihrem siebenjährigen Sohn Peter aus der Stadt Stettin in Richtung Westen. Auf dem Bahnhof hoffen sie zusammen mit vielen anderen Flüchtlingen, dass bald ein Zug kommen wird.

Es sollte noch mehrere Stunden dauern, bis ein Zug kam. Die Menschen drängten sich an den Zug, noch ehe er zum Stehen kam, sie versuchten, Griffe und Geländer zu packen. Fast sah es aus, als brächten die vielen Menschen den Zug zum Stehen, als wären sie es, die ihn anhielten. Der Zug schien nicht genügend Türen zu haben. Arme ruderten, Füße traten, schlugen aus, und Ellenbogen boxten. Schimpfen und Pfeifen. Wer zu schwach war, wurde zur Seite gedrängt, blieb zurück. Peter spürte die Hand seiner Mutter in seinem Rücken, wie sie ihn durch die Menge schob, Peter hatte Kleiderstoffe im Gesicht, Mäntel, ein Koffer stieß ihm in die Rippen, und schließlich packte ihn seine Mutter von hinten und stemmte ihn hoch über die Schultern der anderen Menschen. Der Schaffner pfiff. Im letzten Augenblick kämpfte sich Peters Mutter den entscheidenden Meter nach vorn, sie drückte Peter, schob ihn, presste ihn mit aller Kraft in den Zug. Peter drehte sich um, er hielt ihre Hand fest, umklammerte sie, der Zug ruckte, setzte sich in Bewegung, die Räder rollten, die Mutter lief, Peter hielt sich an der Tür fest, hielt seine Mutter fest, er würde ihr zeigen, wie stark er war. Spring! rief er ihr zu. In diesem Augenblick hatten sich ihre Hände gelöst. Die auf dem Bahnsteig verbleibenden Menschen liefen neben dem Zug her. Jemand musste die Notbremse gezogen haben oder die Lok hatte Schwierigkeiten, die Räder quietschten auf den Schienen. Eine füllige Dame mit Hut rief von hinten Bockwürstchen, Bockwürstchen! Und tatsächlich drehten sich viele zu ihr um, sie blieben stehen, streckten und reckten sich, um zu sehen, wer da gerufen hatte und wo es die Würstchen gebe. Die Frau nutzte die Gelegenheit und kämpfte sich einige Meter nach vorn. Die Menschenmenge drückte Peters Mutter mitsamt dem Koffer in den Zug. Peter umschloss seine Mutter mit beiden Armen, nie wieder würde er sie loslassen.

Im Zug standen sie im Gang, die Menschen schubsten und drängelten, die Kinder mussten sich auf die Koffer stellen. Peter stand gern auf dem Koffer, jetzt war er genauso groß wie seine Mutter. Wenn seine Mutter sich umdrehte, was sie immer wieder tat, kitzelten ihn ihre Haare, eine Locke war aus der gesteckten Frisur gefallen. Die Mutter duftete nach Flieder. Neben ihr blieb die Tür zum Sitzabteil offen, dort standen zwei junge Mädchen in kurzärmligen Kleidern auf ihren Koffern und hielten sich an der überfüllten Gepäckablage fest. Unter ihren Armen wuchsen spärlich erste Härchen, und Peter reckte sich über die Schulter seiner Mutter, um besser nach ihren Kleidern sehen zu können, die sich an gewissen Stellen wölbten. Unter seinem Kinn fühlte Peter das angenehme Reiben des Mantels seiner Mutter. Sie musste schwitzen, aber ihren Mantel hatte sie nicht zurücklassen wollen. Es ruckte, und der Zug fuhr langsam an. Am Fenster zogen die Menschen vorüber, die keinen Platz ergattert hatten. Eines der beiden Mädchen winkte und weinte, und Peter sah, dass auch unter dem anderen Arm feine Härchen sprossen.

Halt dich fest, sagte seine Mutter zu ihm, sie deutete mit dem Kopf auf den Türrahmen des Abteils. Auf ihrem blonden, hochgesteckten Haar saß das Häubchen, noch immer trug sie es, trotz Mantel und obwohl sie doch gar nicht im Krankenhaus waren. Träumst du? Halt dich fest, herrschte sie ihn an. Doch Peter legte seine Hände auf die Schultern seiner Mutter, ihm fiel der Soldat ein, der hinter der Tür gehockt und geschluchzt hatte, Peter war froh, dass sie nun endlich verschwanden, und er wollte die Arme um seine Mutter schlingen. Da bekam er einen Ellenbogen in den Rücken und stieß mit solcher Wucht gegen seine Mutter, dass diese fast das Gleichgewicht verlor, der Koffer unter Peters Füßen schwankte, er kippte, und Peter fiel nun auf seine Mutter. Die Mutter stolperte in das Abteil. Niemals hätte sie aufgeschrien, sie knurrte nur widerwillig. Peter legte seine Hand an ihre Hüfte, um die Verbindung nicht zu verlieren. Er wollte ihr aufhelfen. Ihre Augen funkelten böse, Peter entschuldigte sich, doch die Mutter schien es nicht zu hören, ihr Mund blieb schmal verschlossen, sie drückte seine Hand von sich. Um jeden Preis wollte Peter nun ihre Aufmerksamkeit erobern.

Mutter, sagte er, aber sie hörte ihn nicht. Mutter, wieder fasste er nach ihrer Hand, die kalt und kräftig war, und die er liebte. Im nächsten Augenblick ruckte der Zug, sodass die Menschen übereinanderfielen und die Mutter sich für die weitere Fahrt mit beiden Händen an Gepäckablage und Türrahmen festhielt, während Peter nun ihren Mantel ergriff, ohne dass sie es bemerken und ihn daran hindern konnte.

ARBEITSANREGUNGEN

- Fasse den Inhalt der vier Absätze des Textes jeweils in einer passenden Überschrift zusammen.
- Beschreibe die Mutter mithilfe der Angaben im Text.
- Schreibe auch auf, was du im Text über Peter erfährst. Achte vor allem darauf, wie er sich gegenüber seiner Mutter verhält.
- Versetze dich in Peters Situation hinein, die in den vier Abschnitten des Textes unterschiedlich ist. Versuche, dir vorzustellen, was er wohl jeweils denken und fühlen könnte, und notiere abschnittsweise mögliche Gedanken und Gefühle (Ich-Form).
- Die Mutter reagiert manchmal seltsam, z. B. herrscht sie Peter an und ihre Augen funkeln böse. Schreibe weitere Verhaltensweisen der Mutter, die dir merkwürdig vorkommen, aus dem Text heraus, und versuche zu erklären, warum sie sich wohl so verhält.
- Vergleiche die Schilderung des Beginns von Peters Flucht mit dem Beginn von Pauls Flucht und notiere Gemeinsamkeiten und Unterschiede.

HEINZ PIONTEK

Die Verstreuten

Wir haben Wind unter den Sohlen.
Wir haben Wind im Nacken.

Des Nachbarn Stimme fing sich in Netzen Schnees.
Da stopften wir Silber und Brot in die Säcke,
entriegelten die Tür.
Als die Nacht anhob zu flackern, liefen wir waffenlos
zu den Ställen
und hinaus auf Straßen von wandernden Ratten.

Zerstoßenes Blech und Kälte: das Land der Geschlagenen.
Wir fuhren im Schritt. Ein Mädchen kam nieder
zwischen den Speichen. Ein Blinder stolperte hinter
barmherzigen Leuten
an einem Strick, und er schrie zu den Lüften:
Wo sind wir?

Wir müssen vor den Kreuzungen warten.
Wir besitzen keine Dokumente.

Mancher starb kauernd – im Hader über seine verendeten
Pferde,
mancher streckte sich schweigsam
und mild unter Planen.
Und als wir einzeln eine getroffene Brücke passierten,
waren viele im Eis zu sehen, grün und wie schwebend.

Der Himmel ein Sieb, und hinter den Karawanen
blieb eine Fährte aus untilgbarer Stille,
ein zugiger Horizont blieb zurück,

auf dem wir biwakiert,
der Schläfer, der die Verfolgung nicht mehr fürchtet.

Wir dürfen keine Feuer machen.
Wir dürfen den Zug ohne Erlaubnis nicht verlassen.

Unsere Scharen lichteten sich und strömten
mit dünnen Schatten.

Einer verlor den anderen. Der Osten –
wie eine feurige Sage –
ging hinter Armeen zugrunde. Jammer war er
und Aschenflug über der Öde und dunkel wie einst.

Da wurde es Tag vor unseren Augen
mit rosenblättrigem Licht.

Wir werden zu einer festen Stadt kommen im Wind.
Wir werden Frieden finden auf Felsen.

ARBEITSANREGUNGEN

- Formuliere einen ersten Eindruck zu diesem Gedicht und stelle dar, worum es darin geht.
- Wer „spricht“ in dem Gedicht (lyrisches Ich)?
- Finde heraus, welche Gedichtteile im Präsens, welche im Präteritum und welche im Futur geschrieben sind, und versuche, dafür Begründungen zu finden.
- Gibt es Textstellen, die du nicht verstehst? Sprecht darüber in der Klasse.
- Das Gedicht enthält viele Bildwörter (Metaphern). Notiere einige davon, die du als besonders eindrucksvoll empfindest, und versuche, sie zu deuten.

CAROLIN PHILIPPS

Das Boot ist voll!

Thao ist ein Mädchen, das vor sechs Jahren mit einem Boot aus seiner Heimat Vietnam geflüchtet ist und jetzt in einer deutschen Stadt lebt. Kurz vor einer Bundestagswahl sieht Thao ein Wahlplakat mit der Aufschrift „Das Boot ist voll!". Eine rechtsradikale Partei wendet sich damit gegen die Aufnahme von Flüchtlingen und Migranten in Deutschland. Dieses Plakat weckt in dem Mädchen Erinnerungen an das Flüchtlingsboot, in das es vor sechs Jahren in Vietnam einsteigen musste.

Es war eng im Boot, die wenigen Sitzplätze waren schon lange besetzt. Mütter hatten ihre Kinder auf den Schoß genommen, die größeren hockten auf dem Boden. Außer einem kleinen Sack mit dem Nötigsten hatte niemand Gepäck dabei.

Es war eng auf dem Boot und noch immer stiegen Menschen ein. Andere standen am Ufer und schauten verzweifelt zu, wie sich das Boot füllte. Ihre Chance, mitgenommen zu werden, sank.

Es war dunkel am Fluss. Der Mond schien auf die Gestalten am Ufer und im Boot. Der Besitzer drängte zur Eile. Thao kletterte ins Boot, stolperte über die Menschen, die auf dem Boden saßen, fiel hin, schlug mit dem Kopf gegen einen Pfosten. Menschen schimpften. „Kannst du nicht aufpassen?"

Thaos Schwestern kamen hinter ihr her, der Vater mit dem kleinen Bruder auf dem Arm.

„Das Boot ist voll!" Entsetzte Rufe am Ufer und im Boot. Mit Stöcken verhinderten der Besitzer und sein Helfer, dass weitere Menschen ins Boot stiegen. Sie legten ab.

Das Letzte, was Thao von ihrer Mutter sah, war, dass sie am Ufer auf die Knie fiel und das Gesicht in den Händen versteckte.

Alle auf dem Boot hatten viel Geld bezahlt, um die Heimat Vietnam zu verlassen. Einige erhofften sich Arbeit und Geld in einem der reichen westlichen Länder, andere wollten frei leben, ohne Angst davor haben zu müssen, ihre Meinung zu sagen.

Auch Thaos Vater hatte für die ganze Familie bezahlt, für sich und seine Frau, seine drei Töchter und den kleinen Sohn. Dafür hatte er seinen ganzen Besitz, sein Land und sein Haus verkauft, einschließlich des Wasserbüffels. Alle hatten geweint, als der Bauer aus dem Nachbarort ihn abholte, denn er gehörte zur Familie.

Auch die Mutter hatte einen Platz sicher gehabt. Aber der Besitzer hatte mehr Plätze verkauft, als da waren. 40 statt 20. Im Boot saßen, lagen und standen 30 Personen, die Kleinsten nicht mitgerechnet. Die anderen mussten am Ufer zurückbleiben. Thao wollte zurück ans Ufer, zur Mutter, aber die anderen hinderten sie daran.

So lag sie auf dem Boden und weinte. Der Vater saß wie erstarrt da und streichelte seinem Sohn über den Rücken. „Nicht weinen! Ma kommt mit dem nächsten Boot“, murmelte er.

Es war totenstill im Boot. Die kleinen Kinder schliefen in den Armen der Erwachsenen, die großen auf dem Boden. Auch viele Frauen und Männer waren durch das gleichmäßige Tuckern des Motors eingenickt. Reden war verboten.

Die Patrouillenboote der Regierung waren auch in dieser Nacht wieder unterwegs, um Boote mit flüchtenden Menschen ausfindig zu machen und nach Vietnam zurückzubringen. Eine Entdeckung würde für fast alle Gefängnis bedeuten.

Manchmal konnte man in der Ferne den Lichtkegel eines Scheinwerfers erkennen, der einen großen, hellen Bogen auf dem Meer beschrieb.

Dann kauerten sich die Menschen noch enger aneinander, als könnten sie dadurch ihre Entdeckung verhindern.

Die Nacht verging und mit ihr die Angst vor den Patrouillenbooten. Mit dem Tag kam die Sonne. Von Stunde zu Stunde brannte sie stärker vom Himmel. Es gab keinen Schatten, keinen Schutz vor den brennenden Strahlen, nur Durst, flimmerndes Wasser und weinende Kinder.

Nach einigen Tagen wurde das Wasser knapp. Genau wie der Reis war es für 20 Personen berechnet. Jetzt hatten 30 Durst. Und die Fahrt würde noch Tage dauern.

Die meisten im Boot saßen apathisch da. Angst, Hunger, Durst. Sogar die Kinder waren still.

Es gab noch mehr Boote auf dem Meer, alle mit Kurs Malaysia. Fast hatten sie es geschafft. Dann kamen die Polizeiboote der Malaysier. Sie schleppten die Flüchtlinge aufs Meer zurück. Man wollte keine neuen Flüchtlinge. Es waren schon zu viele da.

Ein anderes Boot mit Flüchtlingen kenterte. Die Menschen schrien und versuchten, in das Boot zu klettern, in dem Thao saß. Es schwankte bedenklich, als sich acht Menschen an den Rand klammerten.

„Das Boot ist voll!“, schrie der Kapitän. Er und sein Helfer schlugen mit Stöcken auf die Hände ein. Eine Hand nach der anderen löste sich.

„Macht die Augen zu!“, befahl der Vater. Er wollte nicht, dass sie die Menschen im Wasser sahen. Aber Thao konnte ihre Augen nicht abwenden. Eine Frau reichte mit letzter Kraft ihr Baby hoch. Thao nahm es ihr ab.

„Wirf es zurück! Es ist kein Platz mehr!“

„Es braucht keinen Platz, ich behalte es auf dem Arm.“

Sie schlugen mit Stöcken auf die Hände ein.

„Wir haben kein Wasser."
„Es kriegt mein Wasser!!"

So war Thanh zu ihnen gekommen. Der Vater hatte ihn wie seinen Sohn aufgenommen. Von Thaos Mutter gab es keine Nachrichten. Sie war nicht mit dem nächsten Boot gekommen. Verwandte berichteten später, dass alle, die am Ufer gestanden hatten, verhaftet worden waren, kurz nachdem das Boot abgelegt hatte.

Das war nun sechs Jahre her. Sie hatten schließlich doch den Weg ins Lager auf einer der Inseln im Pazifik gefunden und von dort in dieses Land. Der Vater hatte Arbeit, die Kinder Schulunterricht, es ging ihnen gut.

Und nun? Das Boot ist voll! Wenn die Mutter es aber doch noch schaffte? Thao hatte die Hoffnung nie ganz aufgegeben.

ARBEITSANREGUNGEN

- Beantworte die folgenden Fragen zum Text:
  Welche Personen gehören zu Thaos Familie?
  Warum ist die Mutter nicht mit ins Boot gekommen?
  Wen nimmt der Vater wie einen Sohn in die Familie auf und warum tut er das?
- Welche Szene aus dem Text hat dich am meisten beeindruckt? Begründe deine Auswahl.
- Thao hat Angst vor dem Wahlslogan einer rechtsradikalen Partei. Erläutere, warum das so ist.
- Während der Flucht aus Vietnam verbringt Thao mehrere Tage auf dem engen Boot. Versetze dich in ihre Lage und schreibe auf, was ihr durch den Kopf gegangen sein könnte (Ich-Form). So kannst du beginnen: *Nie hätte ich gedacht, dass unsere Reise so schlimm werden würde …*
- Informiere dich im Internet über Vietnam und über die Hintergründe der Flucht aus diesem Land.
- Tue dich mit einem Partner bzw. einer Partnerin zusammen. Stellt euch vor, ihr kennt Thao und habt mir ihr zusammen das Plakat, auf dem der Slogan „Das Boot ist voll!“ steht, gesehen. Schreibt an die Lokalzeitung der Stadt einen Leserbrief, in dem ihr ausführlich eure Empörung darüber zum Ausdruck bringt und eure Meinung zu rechtsradikalen Parteien begründet.

Textquellen

Seite 184: Elisabeth Zöller: Zur Entstehung dieses Buches. Aus dem Nachwort der Originalausgabe („Dank"), S. 221.

Seite 185–187: Flucht und Vertreibung. Originalbeitrag nach: Rainer Schulze (Hrsg.): Zwischen Heimat und Zuhause. Deutsche Flüchtlinge und Vertriebene in (West-)Deutschland 1945–2000. Osnabrück: secolo 2001. S. 21–27.

Seite 188: Herkunftsgebiete der Heimatvertriebenen in den westdeutschen Bundesländern. Tabelle nach: Gerhard Reichling: Die deutschen Vertriebenen in Zahlen. Teil I: Umsiedler, Verschleppte, Vertriebene, Aussiedler 1940–1985. Hrsg. von der Kulturstiftung der deutschen Vertriebenen. Bonn 1986. S. 26.

Seite 189: Anteil der Heimatvertriebenen in den westdeutschen Bundesländern. Tabelle nach: Kulturstiftung der deutschen Vertriebenen (Hrsg.): Deutschland und seine Nachbarn. Forum für Kultur und Politik, Heft 13, April 1995. S. 28.

Seite 190–191: Filme zum Thema „Flucht" (Originalbeiträge).

Seite 192–195: Deutschland nach dem Zweiten Weltkrieg. Originalbeitrag v.a. nach: http://de.wikipedia.org/wiki/Besatzungszone.

Seite 196–199: Julia Franck: Auf der Flucht. Aus: Julia Franck: Die Mittagsfrau. Frankfurt/M.: S. Fischer 2007. S. 24–26 (Textauszug).

Seite 200–201: Heinz Piontek: Die Verstreuten. Zitiert nach: Frank-Lothar Kroll (Hrsg.): Flucht und Vertreibung in der Literatur nach 1945. Berlin: Gebr. Mann 1997. S. 72–74 (Text gekürzt).

Seite 202–205: Carolin Philipps: Das Boot ist voll! Aus: Du bist nicht wie wir. Geschichten vom Anderssein. Wien: Ueberreuter 2001. S. 14–17 (Textausschnitt).

Bildquellen

Seite 34: ullsteinbild, Berlin
Seite 43: ullsteinbild, Berlin/Grimm
Seite 59: picture alliance/dpa, Frankfurt
Seite 85: ullsteinbild, Berlin
Seite 131: Corbis, Düsseldorf/Bettmann
Seite 154: ullsteinbild, Berlin
Seite 167: Süddeutsche Zeitung Foto, München
Seite 170: picture alliance/dpa, Frankfurt
Seite 182–183: Constanze Spengler
Seite 185: Keystone Pressedienst, Hamburg
Seite 190: © ARD/Degeto/Conny Klein (oben), © SWR/Krehl (unten)
Seite 191: © ZDF/Jakubek
Seite 195: Langner & Partner, Werbeagentur GmbH, Hemmingen
Seite 205: Sabine Lochmann